ରାତି ଜଗୁଆଳିର ଡାକ

ରାତି ଜଗୁଆଳିର ଡାକ

ଶର୍ମିଷ୍ଠା ସାହୁ

BLACK EAGLE BOOKS
2021

BLACK EAGLE BOOKS

USA address:
7464 Wisdom Lane
Dublin, OH 43016

India address:
E/312, Trident Galaxy, Kalinga Nagar,
Bhubaneswar-751003, Odisha, India

E-mail: info@blackeaglebooks.org
Website: www.blackeaglebooks.org

First International Edition Published by
BLACK EAGLE BOOKS, 2021

RATI JAGUALIRA DAKA
by **Sharmistha Sahu**

Copyright © **Sharmistha Sahu**

All rights reserved. No part of this publication may be reproduced, stored in a retrieval system, or transmitted, in any form or by any means, electronic, mechanical, photocopying, recording or otherwise without the prior permission of the publisher.

Cover: **Manoj Kumar Sahu**
Interior Design: Ezy's Publication

ISBN- 978-1-64560-146-3 (Paperback)

Printed in United States of America

ବେଦବ୍ୟାସରେ ସେଦିନ
ଜଳୁଥିବା ଜୁଇ ପାଖରେ
ଉପସ୍ଥିତ ଥିଲେ ଯେଉଁ ଦେବତାମାନେ,
ଅପଦେବତାମାନେ,
ପକ୍ଷୀମାନେ, ପତଙ୍ଗମାନେ
ସେମାନେ କ'ଣ ଜାଣିଥିବେ ଯେ
ଆମେ ବି ବସବାସ କରୁଥିଲୁ
ନିଆଁକୁ ସମର୍ପିତ ସେ ଦେହରେ !
ଏବେ ହୁଏତ ପବନ ଉଡ଼ାଇ ନେବ ଆମକୁ
କୁଆଡ଼େ କୁଆଡ଼େ... ।

ମହାମାରୀ କରୋନାରେ ଯିଏ ଚାଲିଗଲା ଅସମୟରେ...
ଆମକୁ ହତବାକ୍ କରି, ଶୂନ୍ୟ କରି...

ଆମ ରକ୍ତର, ଆତ୍ମାର ଅଂଶ
ଆଦରର ସରୋଜ ଦା'କୁ...

କୃତଜ୍ଞତା ଜଣାଉଛି

କବିତାମାନଙ୍କୁ ସ୍ଥାନ ଦେଇଥିବା ପତ୍ରପତ୍ରିକାଙ୍କୁ...
କରୋନା ଆଘାତରେ ଧ୍ୱସ୍ତ ମାନସିକ ଅବସ୍ଥାକୁ ସଜାଡ଼ିବାରେ ଅକୁଣ୍ଠ
ସ୍ନେହ ଓ ସାହସ ଯୋଗାଇଥିବା ସମସ୍ତ ପ୍ରିୟ ମଣିଷଙ୍କୁ...
ପୁସ୍ତକ ପ୍ରକାଶନ ପାଇଁ ଆଗ୍ରହ ପ୍ରକାଶ କରିଥିବା ଆଦରଣୀୟ
ସତ୍ୟ ପଟ୍ଟନାୟକ ଭାଇ ଓ ବ୍ଲାକ୍ ଇଗଲ୍ ବୁକ୍ସ ପ୍ରକାଶନ ସଂସ୍ଥାକୁ...
ପ୍ରଚ୍ଛଦ ଚିତ୍ର ଆଙ୍କିଥିବା ମୋର ବଡ଼ଦା' ଚିତ୍ରକର ମନୋଜ କୁମାର ସାହୁଙ୍କୁ

ରାତିକୁ ନାୟକ କରି

ରାତି ସବୁବେଳେ ମୋତେ ପ୍ରଲୁବ୍ଧ କରି ଆସିଛି।ରାତି ପ୍ରତି ପିଲା ବେଳୁ ମୋର ଢେର୍ ଆକର୍ଷଣ ରହି ଆସିଛି। ରାତି ମୋତେ ଭୟ ଦେଇଛି, ଭାବପ୍ରବଣତା ଦେଇଛି, ଆଇମା କାହାଣୀ ଦେଇଛି, ସ୍ୱପ୍ନ ଓ କଳ୍ପନାର ଗୋଟେ ଅଲଗା ସାମ୍ରାଜ୍ୟ ଦେଇଛି।ଅଦ୍ଭୁତ ଓ ଅପରିଚିତ ଶବ୍ଦରେ ଭରା ଗାଁ ର ରାତିକୁ ମୁଁ ଲଣ୍ଠନ ଆଲୁଅରେ ଦେଖିଛି।ବାରଣ୍ଡାରେ ଶୋଇ ସାମ୍ନା ଖପର ଘର ଉପରେ ଅଧା ଦିଶୁଥିବା ରାତିର ଗଛକୁ ଦେଖି ସେ ବେଶ ବଦଳାଉଥିବାର ଅନୁମାନ କରି ରୋମାଂଚିତ ହୋଇଛି।କ୍ରମେ ବଡ ହେବାପରେ ରାତି ସହ ମୋର ସମ୍ପର୍କ ଆହୁରି ଗାଢ଼ ହୋଇଛି।ରାତିକୁ ମୁଁ ମୋର ନିଃଶ୍ୱାସ ପ୍ରଶ୍ୱାସ ରେ ବହିବା ଦେଖିଛି। ରାତି ନିଜେ ଗୋଟେ ଜୀବନ୍ତ ଚରିତ୍ର ମୋ ପାଇଁ।ରାତି ମୋର ବନ୍ଧୁ ବି, ଶତ୍ରୁ ବି। ରାତି ମୋତେ ଶବ୍ଦ ଦେଇଛି, ନିଃଶବ୍ଦ ବି କରିଛି।ସଂଧ୍ୟାକାଳ ମୋତେ ଉଦାସ କରିଛି ତ ଗଭୀର ରାତି ମୋତେ ଅଦ୍ଭୁତ ସ୍ଥିରତା ଦେଇଛି।ମୁଁ ମୋ ନିଜକୁ ନିବିଡ ଭାବେ ଅନୁଭବ କରେ, ଅସ୍ତିତ୍ୱର କୋଣ ଅନୁକୋଣକୁ ପରଖିପାରେ ଗଭୀର ରାତିରେ। ରାତି ମୋତେ ଅନ୍ତରର ଓ ବାହ୍ୟ ସଂସାରର ନାନା ରଙ୍ଗର ଅନ୍ଧାର ସହ ପରିଚିତ କରାଏ।ଅନେକ ଦୁର୍ଭାଗ୍ୟ ଓ ଦୁର୍ଘଟଣାର ସାକ୍ଷୀ ରାତି ଖୁବ୍ ଅସହାୟ ଲାଗେ। ଅନନ୍ୟୋପାୟ ହୋଇ ସବୁ ନକାରାତ୍ମକ ଭାବ, ସବୁ ଦୁଃଖ ଦୁର୍ଦ୍ଦଶାର ପ୍ରତୀକ ପାଲଟି ଯାଏ ସାହିତ୍ୟକାରଙ୍କ ଲେଖନୀରେ।

କବି ଭାବରେ ରାତିର ରହସ୍ୟମୟ ରୂପ ମୋତେ ଅଧିକ ଆକୃଷ୍ଟ କରିଛି।ରାତି କେବେ ମୋର ଆଖିପତାରେ, କେବେ ପାପୁଲିରେ ଓହ୍ଲାଇଛି। ଯେତେ ଗାଢ ହୁଏ ରାତି ସେତେ ଉଜ୍ଜଳ ଓ କୋମଳ ମୋର ପାପୁଲି। କେବେ କେବେ ରାତି କାଚଫ୍ରେମ୍ ଭିତରେ ବନ୍ଦୀ ହୋଇ ବିଳାପ କରୁଛି ପରି ଲାଗେ। ଘଣ୍ଟାକଣ୍ଟାର ଟିକ୍ ଟିକ୍ ଶବ୍ଦ ତାକୁ ଆଦୌ ଗତି କି ବେଗ ଦେଇ ପାରୁ ନଥାଏ।ମୋର ଦୀର୍ଘଶ୍ୱାସର ଦେହଳୀ ଭିତରେ

ରାତିକୁ ବେଳେବେଳେ ଘୂରି ବୁଲୁଥିବାର ଦେଖିଛି ।ତାକୁ ମୁକ୍ତ କରିବାକୁ ଚାହିଁଛିମୁଁ ।ମୋର ଦେହ ଉପର ଦେଇ ବହିଯାଉ ରାତି ବୋଲି ଚାହିଁଛି ।ରାତି କେବେ ଭୟପକ୍ଷୀ ହୋଇ ମୋର ଝରକା ଦାଢ଼ରେ ବସିଛି। କେବେ ବଗିଚାରେ ରାତିଫୁଲର ନିଃଶବ୍ଦ ହସ ମୋର ସ୍ନାୟୁକୁ ଚହଲାଇଛି। 'ରାତି ଚାହେଁ/ମୁଁ ତା ପରି ନିଃଶବ୍ଦ ଓ ବର୍ଣ୍ଣମୟ ହୁଏ।/ ମୋ ଭିତରେ ଶୋଇଥିବା ପକ୍ଷୀଙ୍କୁ ଆଦୌ ନ ଜଗାଇ/ଅଲୌକିକ ସ୍ୱରରେ ମୁଁ ଗୀତ ଟିଏ ଗାଏ।'

'ରାତିର ଥଣ୍ଡା କୋଳରେ ମୁଁ ବେଳେବେଳେ ଶୋଇ ପଡେ/ଝଡ଼ର ରୋମାଞ୍ଚ ପରି ସୁଖର କଳ୍ପନାରେ।'

ରାତି ମୋର ସୁଖର ବାହକ ବି ହୁଏ !ବନ୍ଦ ଆଖି ଭିତରେ ମୋର ଇପ୍ସିତ ସୁଖର ଦୃଶ୍ୟସବୁ ଘଟୁଥାଏ। ଚେଇଁ ରହିଥିବା ରାତିକୁ ମୁଁ ବି କହେଁ ଶୋଇଯା ଏଥର।ନିଜ ଧମନୀରେ ନିଜେ ଗୀତ ହୋଇ ବହିଯା। କବିତାର ସଂସାରରେ ମୁଁ ଓ ରାତି ପରସ୍ପରକୁ ଏମିତି ବିଭିନ୍ନ ବାଗରେ ଛୁଇଁ ଛୁଇଁ ଚାଲୁ ।ରାତି ସହ କବିତାର ସମ୍ପର୍କ ଏଇ ଦୃଷ୍ଟିରୁ ଗୁରୁତ୍ୱପୂର୍ଣ୍ଣ ଯେ ସ୍ପଷ୍ଟତା ସହ ଅସ୍ପଷ୍ଟତା ଯୋଡି ହୋଇ, ସତ୍ୟ ସହ ଭ୍ରମ ମିଶି କବିତାକୁ ଅଧିକ ଶକ୍ତି ଦାନ କରେ।

ରାତିର ଉଦାରତା ଉପରେ ମୋର ବିଶ୍ୱାସ ଖୁବ୍ ।ଦିନର ଆଲୁଅ ପରି ସେ ନିଷ୍ଠୁର ନୁହେଁ। ରାତି ମୋର ବିଭିନ୍ନ ଦୁଃଖ ଓ ଦ୍ୱନ୍ଦ୍ୱ ଗୁଡିକୁ ଯେମିତି ଢାଙ୍କି ଦିଏ, ମୋର ହାଲୁକା ସୁଖକୁ ସେମିତି ଅନ୍ୟ ଆଖିରୁ ଲୁଚାଇ ରଖେ ।ଦୁଃଖର ଉଦବେଳିତ ଚେହେରାକୁ ଦିନର ଆଲୁଅ ପ୍ରତ୍ୟାଖ୍ୟାନ କରେ।ସୁଖ ସମ୍ପର୍କ ମାନେ ନିଜ ଚାରିପଟେ ଗୋଟେ ବଳୟ ଟାଣି ରହନ୍ତି ।ଗୋଟେ ସ୍ଥିର ସମୟର ଅପେକ୍ଷା କରନ୍ତି ।କିନ୍ତୁ ରାତି ମୋର ଉଦବେଳନକୁ ସ୍ପର୍ଶ କରେ, ନିର୍ଭୟ ଆଶ୍ରୟ ଦିଏ।

ରାତି ଅନନ୍ତ ସମ୍ଭାବନାର ଗନ୍ତାଘର ।ରାତି ଆମକୁ ଯୋଡ଼େ ଅଜ୍ଞାତ ସହ ।ଜୀବନର ବହୁ ନୂଆ ପ୍ରସ୍ଥ ରାତି ହିଁ ଖୋଲି ପାରେ ।ଯାହା ଦିନର ଆଲୁଅରେ ଦିଶେନା ତାହା ରାତି ଦେଖାଏ। କବିକୁ ଅନୁଭବର ଓ କବିତ୍ୱର ସାନ୍ଦ୍ରତା ଦିଏ ।ଜୀବନକୁ ଜୀବନର ଦର୍ପଣ ଦେଖାଏ। ରାତି ସକାଳ ଆଡ଼କୁ ବାଟ ତ ଫିଟାଏ ହିଁ, ଚେତନାର ଅସୀମ ବ୍ୟାପ୍ତି ଆଡ଼କୁ ବି ଆଙ୍ଗୁଳି ନିର୍ଦ୍ଦେଶ କରେ।

ରାତି ଭଳି ଜୀବନ ବି ରହସ୍ୟରେ ଭରା ।ଆଦୌ ପ୍ରାଞ୍ଜଳ ନୁହେଁ ଦିନ ପରି ।ଜୀବନକୁ ଆମେ ସମ୍ପୂର୍ଣ୍ଣ ବୁଝିପାରୁନା, କିଂତୁ ବଞ୍ଚୁ। ଜୀବନକୁ ସମ୍ପୂର୍ଣ୍ଣ ଗ୍ରହଣ ବି କରିପାରୁନା, କାରଣ ଜୀବନ ଭିତରେ ମରଣ ଅଛି, ବିଚ୍ଛେଦ ଅଛି, ରୋଗ ଅଛି, ବୈରାଗ୍ୟ ଅଛି, ଆତ୍ମୀୟଙ୍କ ବିୟୋଗ ଜନିତ ଦାରୁଣ କଷ୍ଟ ଅଛି। ତଥାପି କହୁ ଜୀବନ ସୁନ୍ଦର ।ରାତି

ଓ ଜୀବନର ରୂପ ଏକାପରି, ଛାୟାଛନ୍ନ ଓ ଆକର୍ଷଣୀୟ। ଏହା କଣ କମ୍ ଆଶ୍ଚର୍ଯ୍ୟର କଥା କି ବିରାଟ ଦ୍ରୁମକୁ ମୂଳରୁ କାଟିନେଲା ପରେ ବି କଟାଗଣ୍ଡିରୁ ପୁଣି ନୂଆ ପତ୍ର ପିକାଏ !ଆମେ ବି ରାତିର ଅନ୍ଧାରୀ ଗର୍ତ୍ତକୁ ବାରବାର ନିକ୍ଷିପ୍ତ ହେଲେ ବି ପୁଣି ସକାଳଟିଏ ହୋଇ ଜନ୍ମ ହେଉ !ଜୀଇଁବାର ଏ ଦୁର୍ବାର ଅଭ୍ୟାସ ରହସ୍ୟମୟ ନୁହେଁ କି ?

ହଁ ରାତି ଅସ୍ଥିର କରେ ମୋତେ ଅନିଶ୍ଚିତତା ପାଇଁ। ରାତି ଅଣନିଃଶ୍ୱାସୀ କରେ ଆଶଙ୍କା ଗୁଡ଼ିକ ପାଇଁ। ଏତେବେଳେ ଲାଗେ ରାତି କହିଲେ କେବଳ ଅନ୍ଧାର ଓ ଅନ୍ଧାରକୁ ଅନ୍ଧାର ଛଡ଼ା ଅନ୍ୟ କେଉଁ ନାଆଁ ଦେଇ ହେବନି। କବି ରାଜେନ୍ଦ୍ର କିଶୋର ପଣ୍ଡା କିନ୍ତୁ କହନ୍ତି-- 'ଅନ୍ଧାର କଣ ଯେ.. ନିଡହକ କଳା ଆଲୁଅ/ଯେଉଁଠି ନିଜ ପର ବଡ଼ ସାନ /ପାତର ଅନ୍ତର ନାହିଁ।' ଏଇଠି ରାତିର ଉଦାରତା ପୁଣି ଥରେ ଆଦର ପାଏ।ସମସ୍ତ ଅସାମର୍ଥ୍ୟ, କ୍ଷୋଭ, ପାପବୋଧ,ଅପୂର୍ଣ୍ଣତାର କଷ୍ଟ, ସମସ୍ତ ଉଚ୍ଚାରିତ, ଅନୁଚ୍ଚାରିତ ଶବ୍ଦ ଓ ଖଣ୍ଡିତ କବିତା, ସବୁକିଛି ଅର୍ଥପୂର୍ଣ୍ଣ ମନେହୁଏ ରାତିର ଆଖିରେ।ଦୁଃଖରୁ ପଳାୟନ କରିବାକୁ ପଡେ ନାହିଁ । ରାତି ସହଚର ହୋଇ ଦୁଃଖମାନଙ୍କ ପାଖେ ପାଖେ ଚାଲେ। ଦୁଃଖକୁ ସୁଖପରି ଭୋଗିବାର ଉପାୟ ବତାଏ। ମୁଁ ଆଉ ପ୍ରାର୍ଥନା କରେନା 'ତମସୋ ମା ଜ୍ୟୋତିର୍ଗମୟ'। ଏଇ ତମସା ତ କବିତାକୁ କବିତ୍ୱ ଦେବାର ସର୍ବୋତ୍କୃଷ୍ଟ ପଥ। ଜୀବନକୁ ଉପଲବ୍ଧି କରିବାର ବିଶ୍ୱସନୀୟ ମାଧ୍ୟମ। ମୁଁ କ୍ରମଶଃ ବୁଝିଯାଏ ରାତି ସତରେ ଅନେକ ନିଃଶ୍ୱାସ ପ୍ରଶ୍ୱାସର ସମଷ୍ଟି, ଆକାଶ ଓ ପୃଥିବୀର ମେଳଣ ଭୂମି।

ରାତିର ନାନାବିଧ ରୂପ ଓ ଭାବରେ ଅନେକ ପ୍ରକାରେ ପ୍ରଭାବିତ ହୋଇଛି ମୋର ଲେଖନୀ। ଏବଂ ମୋର ଅଧିକାଂଶ କବିତାର ଭୂମିଷ୍ଠ ହେବାର ସମୟ ବି ରାତିର ମଧ୍ୟ ପ୍ରହର।ମୋତେ ଲାଗେ ରାତିରେ ହିଁ ମୁଁ ଜନ୍ମନିଏ ଓ ରାତିରେ ମରେ।ଦିନବେଳ ତ ସଂସାର ପାଇଁ ଅଭିନୟର ବେଳ।

ମୋର ଏଇ ଚତୁର୍ଥ କବିତା ସଙ୍କଳନର ନାମ 'ରାତି ଜଗୁଆଳିର ଡାକ'।ସେ ଜଣକ ରାତିକୁ ଜଗେ ନା ଅନ୍ଧାରକୁ ମୁଁ ଜାଣେନାହିଁ । ସେ ଜଣକ କିଏ ମୁଁ ଚିହ୍ନିନାହିଁ।ତାର ବେଶଭୂଷା କେମିତି ମୁଁ ଦେଖିନାହିଁ। କିନ୍ତୁ ତାର ଡାକ ଶୁଭେ ଦୂରରୁ, ପାଖରୁ, ଭିତରୁ ବାହାରୁ। ରାତିକୁ ସତର୍କ କରେ, ରାତିକୁ ଲୋଡ଼େ ସେ। ରାତିକୁ ରାତିର ମର୍ଯ୍ୟାଦା ଓ ଗାମ୍ଭୀର୍ଯ୍ୟ ଦିଏ ତାର ଡାକ। ଜୀବନ ବି ରାତିଭଳି ସକଳ ବିଡମ୍ବନା ସତ୍ତ୍ୱେ ଜୀବନ ଭଳି ହିଁ ବାସେ, ଆଶ୍ୱସ୍ତ ହୁଏ ରାତି ଜଗୁଆଳିର ଡାକରେ।

ଆଶା କରୁଛି ଆଦର ମିଳିବ 'ରାତି ଜଗୁଆଳିର ଡାକ'କୁ।

ଶର୍ମିଷ୍ଠା ସାହୁ

ସୂଚୀପତ୍ର

ଆବାହନ	୧୩
ଅଦୃଶ୍ୟ ଶତ୍ରୁ; ଅନିଶ୍ଚିତ ଯୁଦ୍ଧଭୂମି	୧୫
ଅନ୍ଧାର ଭିତରେ	୧୮
ନିଦପକ୍ଷୀ	୨୦
ଏକକ ଅଭିନୟ	୨୨
ପଦ୍ମମୋହ	୨୪
ଅନ୍ଧାରର ଭାଷା	୨୬
କିଛି କ୍ଷତର କୋଲାଜ୍	୨୮
ଘୂଣପୋକ	୩୦
ଶବ୍ଦମାନେ ଏବେ	୩୨
ତୁ ଗଲାପରେ	୩୪
କୁଆଡେ ଯିବି	୩୬
ଲୁହ ତିଆରୁଥିବା ଲୋକ	୩୮
ଶବ୍ଦଖେଳ	୪୧
ବିଶ୍ୱସ୍ତ	୪୩
ରେବତୀ	୪୬
ମଲାଜହ୍ନ	୪୯
ଗ୍ରୀଷ୍ମ	୫୧
ଫଗୁଣର ଆୟୁଷ	୫୩
ଶବ୍ଦ ସମୁଦ୍ର	୫୫
ପୁଅକୁ	୫୭
ପିଲାଦିନ;ଏକ ପ୍ରେମକବିତା	୫୯
ଲୋ ନିଆଁ ,ଲୋ ଚୁଲୀ	୬୨
ମୋ ସମୟ	୬୪
କିଛି ଘଟିନାହିଁ	୬୬
ମୁଁ ଜାଣୁନି	୬୮
ନିଶା	୭୦

ସ୍ଥାନାନ୍ତରଣ	୭୨
ଚତୁର୍ଥ ମାଙ୍କଡ଼	୭୪
ଛାଇର ରଙ୍ଗ	୭୬
ପତ୍ରଝଡ଼ାର ଦୃଶ୍ୟ	୭୮
କାଶତଣ୍ଡୀ ଓ ନିହାରିକା	୮୦
ଆଜି ପୁଣି	୮୨
ପୁରୁଷ	୮୪
ଉଡ଼ାଣ	୮୬
ସଙ୍ଗରୋଧ	୮୮
ସେ ବାଟ କେଉଁଠି	୯୧
ତଲାସ୍	୯୩
ବାଟ କଣ ଜାଣେ	୯୫
ତୁ ଏଇଠି ଥିବୁ	୯୭
ଖସିବାର ବେଳ	୯୯
ଈଶ୍ୱର	୧୦୧
ଦଣ୍ଡ	୧୦୩
ପଥର	୧୦୫
ଏ ଲୁହ	୧୦୭
ଉଭ	୧୦୯
ରାତିର ପଞ୍ଝାରେ	୧୧୧
ନିରବତାକୁ ପଦେ	୧୧୩
ରତୁବିରାମ	୧୧୫
ଏଠି ବି ଜୀବନ ଅଛି	୧୧୭
ପୂର୍ବଦିଗକୁ ଟିକେ ସଳଖେଇ ଦେ	୧୨୦
ବେସୁରା ନୁହେଁ	୧୨୨
ରାତି ଯାଯାବର	୧୨୫
ଖୁବ୍ ଖରା	୧୨୭
ଖାଲି ଘର	୧୨୯

ଆବାହନ

ବିସର୍ଜନ ଘାଟରେ ମୁଁ
ଅଟକି ରହିଛି ଦେବୀ !
ଏବେ ତୋତେ ଆବାହନ
କରିବି କେମିତି ?

ଏବେ ମୋର କଲମର ଆଖି ବି
ଦେଖି ପାରୁନି ତୋର ରୂପ ।
ଦେଖି ପାରୁନି ଶରତ ମେଘ ।
ଦେଖି ପାରୁନି କାଶତଣ୍ଡୀ
ପାର୍ବଣ ପ୍ରସ୍ତୁତି ।
ଅନେକ ବିଦାୟର ଲୁହରେ
ଏ ଆଖିର କୂଳ ଯେ ବୁଡିଛି !

ଦେଖୁ ଦେଖୁ ବଦଳି ଯାଉଛି ଦୃଶ୍ୟପଟ ।
କପାଳରୁ ଅଚାନକ
ଲିଭିଯାଉଛି ସୂର୍ଯ୍ୟ ।
କୋଳରୁ ଉଭେଇ ଯାଉଛି ଜହ୍ନ ।
ଅଦିନବର୍ଷାରେ ଭିଜୁଛି ପଣତ ।
ଛାତକୁ ଉଡ଼େଇ ନେଉଛି
ଅଦୃଶ୍ୟ ଗୋଟେ ଝଡ଼ ।

କେଡ଼େ ସହଜରେ ଟଳି ପଡୁଛନ୍ତି
ଦ୍ରୁମ ମହାଦ୍ରୁମ।
କେଡ଼େ ବେଗରେ ବହୁଛି
ଦକ୍ଷିଣମୁହାଁ ପବନ।

ଚାରିଆଡ଼େ ଅବିବେକୀ ଅପଶକ୍ତିଙ୍କ ଭିଡ ।
ଅନ୍ଧାର ଭିତରେ ଢାଳି ଦେଉଛନ୍ତି
ଆହୁରି ଅନ୍ଧାର।
ଚିତ୍କାରକୁ, କ୍ରନ୍ଦନକୁ ଗୀତପରି
ଶୁଣୁଛି ଏ ମହାମାରୀ କାଳ !

ଏମିତି ସମୟରେ ତୁ ଆସୁଛୁ ସତରେ ?
ଶୁଣୁଛି ଗଢ଼ା ହେଉଛି ତୋର ଦେହ
ନଈପଠାର ଉଦାସ ମାଟିରେ।
ପ୍ରବେଶ କରୁଛି ତୋର ଆତ୍ମା
ଦୀର୍ଘପଥ ଚାଲି ଚାଲି ଫେରୁଥିବା
ଗର୍ଭବତୀ ମାଆର ରୂପରେ।

ଆସୁଛୁ ତ
ମୋ ଭିତରର ଶୋକ ଦୁଃଖ ମାନଙ୍କୁ
ଶିଶୁତ୍ୱ ପ୍ରଦାନ କର୍ ଦେବୀ !
ସେମାନଙ୍କୁ ପ୍ରେମରେ ଗ୍ରହଣ କରିବାର
ଲାଳନ କରିବାର
ସହନ କରିବାର ଶକ୍ତି ଦାନ କର୍ ।

■

ଅଦୃଶ୍ୟ ଶତ୍ରୁ; ଅନିଶ୍ଚିତ ଯୁଦ୍ଧଭୂମି

ଅଦୃଶ୍ୟ ଶତ୍ରୁ
ଅନିଶ୍ଚିତ ଯୁଦ୍ଧଭୂମି।
କେଉଁ ଭୂମିରେ ଥାଇ ଲଢିବି ?
ହାତ, ପାଦ, ହୃଦୟ, ମସ୍ତିଷ୍କ,
ରକ୍ତ, ଲୁହ, କ୍ରୋଧ, କୋହ
କାହାକୁ କେଉଁପ୍ରକାରେ
ଯୁଦ୍ଧରେ ଲଗାଇବି ?

ସହସ୍ର ପାଦରେ ବିଜୁଳି ବେଗରେ
ସେ ଯେ ଧାଉଁଛି !
ସହସ୍ର ହାତରେ ଆକ୍ରମଣ ପାଇଁ
ପ୍ରସ୍ତୁତ ଅଛି।
କେବେ ଭୂମିରେ, କେବେ ବାୟୁରେ,
କେବେ ଅନ୍ତର ଭିତରେ ଥାଇ
ଅଟ୍ଟହାସ କରୁଛି !

କେଉଁ ଭୂମିରେ ଥାଇ ଲଢିବି !
ହୃତପିଣ୍ଡର କାନ୍ଥ ଯେବେ
ପାଲଟି ଯାଉଛି ପଥର।
ଶତ୍ରୁ ଯେବେ ବେଶ ବଦଳାଇ
ଶିକାର ଖୋଜୁଛି ସର୍ବତ୍ର ।

ଅଣୁଅଣୁ ସତ୍ତାରେ ଆତଙ୍କ, ହାହାକାର !!

କେମିତି ଲଢିବି
ଯେବେ ଅନ୍ଧାରରେ ହାତଯୋଡି
ଠିଆ ହୋଇଛନ୍ତି କାକୁସ୍ଥ ଈଶ୍ୱର ।
ଯୁଦ୍ଧଭୂମି ଛାଡି ଫେରିଯିବାକୁ ଉଦ୍ୟତ
ଯୁକ୍ତି ଓ ଶକ୍ତି ଯେତେ ମିତ୍ରପକ୍ଷର !

କେମିତି ଲଢିବି
ଯେବେ ବଗିଚାରେ ପାଦ ଦେଲେ ଶୁଭେ
ଘାସଫୁଲର କାନ୍ଦ ।
ଗଛରୁ ତାଜାପତ୍ର ସବୁ
ଯେବେ ଖସି ଯିବାକୁ ହେଉଥିବେ ବାଧ୍ୟ !

ଏ କି କାଳ !
ଏ କି ସର୍ତ୍ତ ଲଢ଼େଇର !!
କେହି କାହା ମୁହଁ ଦେଖିବନି
ଯେବେ କପାଳରେ ଲେଖା ହେଉଥିବ
ଦାରୁଣତମ ସତ୍ୟ ।
କେହି କାହାକୁ ଛୁଇଁବନି
ଯେବେ ଚରମ ଏକାକୀତ୍ୱର ଜାଲରେ
ଛଟପଟ ହେଉଥିବ ଅସ୍ତିତ୍ୱ !

କେମିତି ଲଢିବି
ଯେବେ ନିଷ୍କ୍ରିୟ ହେଉଥିବ ବିବେକ ।
ଧୂଆଁଳିଆ ହେଉଥିବ ଶବ୍ଦ ।
କାହାକୁ ଶୁଭୁ ନଥିବ ପୃଥିବୀର ଡାକ ।
ଆଖିକୁ ମନା ହେଉଥିବ ଦେଖିବାକୁ
ଦର୍ଜା ସେପାଖର ଦୃଶ୍ୟ ।

କେମିତି ଲଢିବି
ଯେବେ ଗୋଟି ଗୋଟି କରି ତାରାସବୁ
ଖସି ପଡୁଥିବେ
ଛାତିର ଆକାଶରୁ !
ଜୀବନକୁ ପାପୁଲିରେ ଧରି
ଓହ୍ଲାଇଥିବା ଶେଷ ଯୋଦ୍ଧାକୁ ବି
ଧୋକା ଦେଉଥିବ ସମୟ ।

■

ଅନ୍ଧାର ଭିତରେ

ଶୋଇଲା ଯେ ଶୋଇଲା
ଆଉ ଉଠିଲାନି ।

ଡାକି ଡାକି ଫେରିଗଲା ସକାଳ ।
ଘୋଟିଲା ପୁଣିଥରେ
ଘୋର ଅନ୍ଧକାର ।

ଏବେ ଅନ୍ଧାର ଭିତରେ ଇ
ଅନ୍ଧପରି ଚାଲିବାକୁ ହେବ ବାଟ ।

କିଏ ପେଷିଛି
ଏ ଶୂନଶାନ୍ ନାରକୀୟ କାଳ ?
କାହାର ଏ ଷଡ଼ଯନ୍ତ୍ର ?
ଅଧଃପତନ ଏ କେଉଁ ଈଶ୍ୱରର ?
କେଉଁ ଶଇତାନର ଏ ଦୁର୍ଦ୍ଦମନୀୟ ଖେଳ ?

ପ୍ରତିଦିନ ଶହଶହ ଶୁଭକାମନା
ଫିଙ୍ଗା ହେଉଛି ଡଷ୍ଟବିନରେ ।
ଅଭିନନ୍ଦନ ଗୁଡ଼ାକ ସଢୁଛନ୍ତି
ଅର୍ଥହୀନତାରେ ।
ଆର୍ତ୍ତନାଦର ଅନ୍ତଃସ୍ରୋତଟିଏ

ଏ ସମୟର ଗତିକୁ
ବାଟବଣା କରୁଥିବା ବେଳେ
ଏ ଘଣ୍ଟଶଙ୍ଖ ଧ୍ୱନି, ଦେବୀ ଆବାହନୀ
କାହାକୁ ଦେଖାଇବ ବାଟ !
ଫିଟାଇବ କେଉଁ ନୂଆଁ ଦ୍ୱାର ?

ଆହା !
ଏବେ ବି ଦ୍ୱାରବନ୍ଧରେ
ତାର ଯିବାବେଳର ପାଦଚିହ୍ନ ।
କବାଟରେ
ତାର ଆଶ୍ୱାସନାମୟ ହାତର ଛାପ ।
ଅଗଣାର ଚୌକୀରେ ବସିଛି ଯେ ବସିଛି
ତାର ଶୂନ୍ୟେଇ ଯିବାର ମୁହୂର୍ତ୍ତ ।

ସବୁକିଛି ଶୂନ୍ୟକୁ ସମର୍ପି
ଆଖିମାନେ ଅନ୍ଧାରରେ
ନିଦ ଖୋଜି,
ବାଟ ଖୋଜି,
ଆତ୍ମା ଖୋଜି,
ମୋକ୍ଷ ଖୋଜି
ଶେଷରେ ନିଜକୁ ଖୋଜି ଖୋଜି
ନୟାନ୍ତ ।

■

ନିଦପକ୍ଷୀ

ସାରା ସଂସାର ନିଦରେ
ଅଚେତନ ଥିବାବେଳେ
ମୁଁ କାହିଁକି ଚେଇଁଥାଏ କେଜାଣି !
ବାସି ହୋଇ ବୃନ୍ତରୁ ଖସି ପଡୁଥିବା ସମୟକୁ
ଓଳାଇ ନେବାକୁ ମୁଁ ହିଁ ବାକି ଥାଏ କି ?

ଗୋଟେ କାଚଫ୍ରେମ ଭିତରେ
ବନ୍ଦୀ ରାତି
ଗର୍ଜୁଥାଏ ନା ବିଳପୁଥାଏ କେଜାଣି !
ଘଣ୍ଟାକଣ୍ଟାର ଲଗାତାର ଟିକ୍ ଟିକ୍
ଆଦୌ ତାକୁ ଗତି କି ବେଗ
ଦେଇ ପାରେନି ।

ବିଫଳତାମାନେ ଶୋଇପଡିବାର
ଉପକ୍ରମ କରୁଥାନ୍ତି ।
ପ୍ରଶ୍ନମାନେ ଅବାଂଛିତ ଲାଗୁଥାନ୍ତି
ନିଜର ଇ ଅଗଣାରେ ।
ଜଳୁଥିବା ହୃଦୟର ଶିଖାକୁ
ପାପୁଲିରେ ଢାଙ୍କି ରଖୁଥାଏ ମୁଁ ।
ଦେହ ଉପରଦେଇ ସବୁପ୍ରକାର କ୍ଳାନ୍ତିକୁ
ବହି ଯିବାକୁ ଦିଏ ମୁଁ ।

ଅନେକ ହତାଶଦୃଶ୍ୟ ମିଶି
ଅଚାନକ ରାତି ଗୋଟେ
ଦୁର୍ବୋଧ ତୈଳଚିତ୍ର ପରି ଦିଶେ।
ମୋ ଆଖି ଦୃଶ୍ୟ ଭେଦିବାର
ସୂତ୍ର ଖୋଜୁଥାଏ ଓ କ୍ରମଶଃ
ନିଜେ ଇ ବର୍ଣାନ୍ଧ ହୋଇ
ଅଳଝିଯାଏ ଚିତ୍ରରେ।

ମୁଁ ପୁଣି ଅନ୍ଧାରରେ ଅଣ୍ଡାଳି ହୁଏ।
ଖୋଜେ କିଛି ନିଶା, କିଛି ନିଦ।
ହାତରେ ଲାଗେ କାଚଗୁଣ୍ଡ କ୍ଷୋଭର,
ସ୍ୱପ୍ନଭଙ୍ଗର, ଦଳିତ ଇଚ୍ଛାମାନଙ୍କର।
ମନରେ ଲାଗେ ରକ୍ତଛିଟା
ଗୋଟେ ଆହତ ସମୟର।

ସମୟ ତେବେ ମୃତ ବୋଲି
ଭାବିଲା ବେଳକୁ
ମୋ ସମୟର ଭ୍ରୂଣ
ମୋର ଜରାୟୁରେ ଅଛି ବୋଲି
ଇସାରା କରେ କେହି।
ଅଚାନକ ଭାରି ଲାଗେ ମୋର ପାଦ।
ଏବଂ ମୋର ଇ ପାଦଶବ୍ଦରେ
ପୁଣି ଥରେ ହୁରୁଡ଼ିଯାଏ ନିଦପକ୍ଷୀ
ଯେମିତି ମୋତେ ଚିହ୍ନେ ଇ ନାହିଁ !!

■

ଏକକ ଅଭିନୟ

ମୁଁ ହିଁ ମୋତେ ଡାକୁଛି
ଆ ବୋଲି।
ନ ହେଲେ ଆଉ କିଏ ଅଛି କି
ବଉଦ ଫାଙ୍କରେ ଅଟକି ଥିବା
ବିନ୍ଦୁଏ ବର୍ଷା ପରି !

ମୋ ହାତ ଛୁଉଁଛି
ସଦ୍ୟ ମୁଁ ଓହ୍ଲାଇ ରଖିଥିବା
ଭିଜା ଅତୀତକୁ।
ଅଧାଗପ ଅଧାସତ ଗୋଟେ
ନିରବ ରୋମାଞ୍ଚକୁ।

ରାତିର ଚାଦରରେ ତାରାମାନେ
ଫୁଟିଛନ୍ତି କଣ୍ଟାଫୁଲ ପରି।
କଣ୍ଟାଫୁଲର ଆଖିସବୁ ଚିକ୍ ଚିକ୍
ମୋର ଦୁଃଖ ମାନଙ୍କ ପରି ।

ମୁଁ ମୋର ପାଦମାନଙ୍କୁ ସାଉଁଟି ଆଣୁଛି
ଧୂଳିରୁ, ପଥର ଚଟାଣରୁ,
ତତଲା ସମୟରୁ, ସମ୍ମୋହନର ଗୁମ୍ଫାରୁ
ଗୋଟିଏ ବି କାନ୍ଥ ନ ଥିବା

ମୋର ଘର ଭିତରକୁ ।
ମୁଁ ପୁଣି ଛାଇ ହୋଇଯାଉଛି
ମୋର ଚାରିପାଖେ ଅନ୍ଧାର ଭଳି ।
ଆଡୁଆଳ କରି ରଖୁଛି ଅପୂର୍ଣ୍ଣ ଇଚ୍ଛାମାନଙ୍କୁ ।

ରଙ୍ଗମଞ୍ଚରେ ମୋର ଏକକ ଅଭିନୟରେ
ଜୀବନ୍ତ ଅନେକ ଚରିତ୍ର ।
ମୋ ନାଟକର ମୁଁ ହିଁ ଦର୍ଶକ,
ମୁଁ ହିଁ କରତାଳି ।
ନହେଲେ ଆଉ କିଏ ଅଛି କି
ପରଦା ପଡିବାର ଅପେକ୍ଷା ଭଳି !

ବନ୍ଦ କବାଟରେ ଆଘାତର ପ୍ରତିଧ୍ୱନି ପରି ମୁଁ
ଫେରି ଆସେ ମୋ ଭିତରକୁ ।
ସ୍ମୃତିରୁ, ସ୍ନାୟୁରୁ, ହୃଦୟରୁ
ଉଠିଆସୁଥିବା ଶବ୍ଦର ଢେଉ ସବୁ ବି
ବାଧାପାଇ ଫେରିଯାନ୍ତି
ଆଖି ଓ ଓଠର ଦ୍ୱାରବନ୍ଧ ପାଖରୁ ।

ରାତି ଆକାଶକୁ ମୁଁ ପଠାଇଦିଏ
ମୋର ଆଖିମାନଙ୍କୁ ।
ହାତ, ଗୋଡ, ମନ, ମସ୍ତିଷ୍କ,
ହୃତ୍ପିଣ୍ଡକୁ ବାନ୍ଧିରଖେ ଖଟରେ ।
ଆଖି ଖୋଜିଆଣେ ନୂଆ ସୁଖ ଦୁଃଖ
ଅଚେତନ ସଂସାରକୁ ।
ମୋ ଠୁ ସଦ୍ୟ ଅଲଗା ମୋର
ଶରୀର ଉପରେ
ଫୁଲ ବର୍ଷାଉ ଥାଏ ଗୋଟେ ନୂଆଲକ୍ଷ୍ନ ।

ପଦ୍ମମୋହ

କେଉଁଠିକି ଗୋଟେ ଖସି ଯାଉଛି ଜୀବନ।
ଧରି ହେଉନାହିଁ।
ଅସ୍ଥିର ଦଶଦିଶ।
ମାୟାପଟଳରେ ଦାଗ ପୋଛି ହେଉନାହିଁ।
ଜୋର କରି ଯାହା ଅଟକାଇ ରଖୁଛି
ଆହତ ଆଖିମାନଙ୍କୁ
ସେଇ ପ୍ରାଚୀନ ପାଦଚିହ୍ନ ଉପରେ।
କେବେ ଦିନେ ସେଠି ଫୁଟିଥିଲା ପଦ୍ମଫୁଲ।
କେବେ ଦିନେ ତାକୁ ଘେରି ଉଠିଥିଲା
ଶୂନ୍ୟରେ ତରଙ୍ଗ।

ଭାବୁଛି କେମିତି ଏ ସମୟକୁ ଭାଙ୍ଗିବି ?
କେମିତି ତାର ମିନିଟ, ସେକେଣ୍ଡ ଇତ୍ୟାଦିଙ୍କୁ
ମୋଡ଼ି ମାଡ଼ି ଥୋଇଦେବି
ଗୋଟେ ପରିତ୍ୟକ୍ତ ବାକ୍ସ ଭିତରେ।
ବଡ଼ କଷ୍ଟ ଲାଗିଲାଣି ନିଇତି ଦର୍ପଣରେ
ତାରି ମୁହଁ ଖୋଜିବା
ଓ ନିଜ ମୁହଁକୁ ନିଜେ ଆଉଁଷିବା।

କେଉଁଠୁ ଏତେ ରାତିରେ ଭାସି ଆସୁଛି
'ଆହେ ନୀଳ ଶଇଳ' !

ମୋ ଭିତରେ ଗୋଟିଏ ପଟେ ନିଆଁ,
ଗୋଟିଏ ପଟେ ପାଣି।
ଗୋଟିଏ ପଟରେ ହିଂସ୍ର ପଶୁଙ୍କ ଚିତ୍କାର।
ଓଃ କି ଭୟଙ୍କର ଏ ଜୀବନର ଫାସ !

ବାହାରେ ମାଟି ଏବେ ବି ପ୍ରସ୍ତୁତ
ତାର ଉର୍ବରତା ନେଇ।
ପାଣିରେ ଏବେ ବି ଛମ୍ ଛମ୍
ଆହ୍ଲା ପାଉଁଜି।

ଆକାଶର ହାତରେ ଏବେ
ମେଞ୍ଚେ ବଉଦ ଫୁଲ।

ବାସ୍ ମୁଁ ହିଁ ମୁକୁଳି ଆସି ପାରୁନାହିଁ
ତାର ପଦ୍ମମୋହରୁ।
ପଦ୍ମବନରେ ପଙ୍କ ହୋଇ
ଜଡ଼ାଇ ଧରିଛି ଅନାଗତ ପଦ୍ମନାଡ଼ କୁ।

■

ଅନ୍ଧାରର ଭାଷା

କାଗଜ ଉପରେ ଶବ୍ଦମାନେ
ଖେଳୁଛନ୍ତି ବିଷାଦଖେଳ !
ଯେଉଁଆଡୁ ଆରମ୍ଭ କଲେ ବି
ଅନ୍ଧାର ଆଡ଼କୁ ଗଡି ଯାଉଛି
ରୁଦ୍ଧ ଆବେଗ।

ଏ ଅନ୍ଧାରକୁ ଟିକେ
ପତଳା କରିବା ଆସ।
କିଛି ନ ଦିଶିବାଠୁ ଅନ୍ତତଃ
ଝାପ୍ସା ହେଲେ ବି ଦିଶୁ ତୁମ ମୁହଁ।
ମୋ କାହାଣୀକୁ କଳଙ୍କିତ
ନ କରୁ ଏ ଅନ୍ଧାର।

ଏ ଅନ୍ଧାର ନା ସନ୍ଧ୍ୟାର, ନା ରାତିର,
ନା କାହାର ଛାଇର।
ମୋ ଆଖିକୁ ଜହ୍ନ ଆଉ ଆସୁନାହିଁ
ବୋଲି ଏ ଅନ୍ଧାର।
ମୋର ଦୁଃଖମାନଙ୍କ ପାଖରେ
ନିଜଲୋକ ବୋଲି କେହି ନାହିଁ
ବୋଲି ଏ ଅନ୍ଧାର।
ପୂର୍ବଦିଗରୁ ଆଉ ଆସୁନି ସଂକେତ

ଏବଂ ବାକି ସବୁ ଦିଗ ବି ପ୍ରଶ୍ନଚିହ୍ନ
ହୋଇ ଝୁଲୁଛନ୍ତି ବୋଲି ଏ ଅନ୍ଧାର।

ଅନ୍ଧାର ବାଲି ପରି ଝରୁଛି।
ସମୟ ସରୁଛି।
ବାଲିରେ ଚିତ୍ର ଆଙ୍କି ମୁଁ
ଭୁଲିବାକୁ ଚାହୁଁଛି
ଗୋଟିଏ ଦୁଃସ୍ୱପ୍ନ ସହ
କେତେ ଆଗକୁ ବଢ଼ିଲାଣି ରାତି।
ଏଇ ଗୋଟିଏ ରାତିର ଆୟୁଷରେ
ଆଉ କେତେ ନର୍କ ବାକି ଅଛି ।

ଅନ୍ଧାରର ଭାଷା ରେ ଏବେ
କଥା ହେଉଛନ୍ତି ଲୋକମାନେ।
ତାରାମାନେ ଖସି ପଡୁଛନ୍ତି ମାଟିରେ।
ଖାଲି ହୋଇ ଯାଉଛି
ଆକାଶର ଘର।
ମରି ଯାଉଛନ୍ତି ବାଦଲର ହାତୀ ଘୋଡ଼ା।
ପ୍ରେମର ସନ୍ଦେଶ ନେବାକୁ
ଅସମର୍ଥ ମେଘ।

ଏ ଅନ୍ଧାର
ଶୋଇ ପଡିଥିବା ଶିଶୁର
ହସ ପରି ବି ଲାଗନ୍ତା
ଯଦି ସକାଳ ହାତରେ ଆଲୁଅର
ଛୁରୀ ନ ଥାନ୍ତା।
ଆଖିପତା ଉପରେ ଶୂନ୍ୟ ସମୟର
ବୋଝ ନ ଥାନ୍ତା।

କିଛି କ୍ଷତର କୋଲାଜ୍

ତରଳି ଯାଉଛି ଦର୍ପଣ ।
ତା ସହ ତରଳି ଯାଉଛି ମୋର ମୁହଁ
ଓ ମୁହଁ ସହ ଅନ୍ତରଙ୍ଗ ଅନ୍ୟ ସବୁ ମୁହଁ ।
ଗୋଟେ ଅଚିହ୍ନା ସମୟର ଜାଲ ଭିତରକୁ
ମୁଁ ଖସି ପଡୁଛି କି ?

ଆରମ୍ଭ ହେଉଛି ଖରାର ଖେଳ ।
ଖରାର ପର୍ଦ୍ଦା ସେପାଖେ
ଦୋହଲୁଛି ମୋର ସ୍ୱପ୍ନର ଘର ।

ମୁଁ ଫେରି ଯାଉଛି
ଗୋଡି ବାଲି ଧୂଳି ଓ ଧୂଆଁ ରେ ତିଆରି
ମୋର ଦେହ ଭିତରକୁ ।
ଆବେଗର ଇଲାକା ସାରା ଏବେ
ଜାରି ଅଛି କର୍ଫ୍ୟୁ ।
ରାସ୍ତା ଏବେ କେଉଁ ଆତଙ୍କ ଆଡକୁ
ଧାଉଁଛି କି ?

ସଞ୍ଜ ଆସୁଛି ସପୁରୀ ରଙ୍ଗର
ଶାଢ଼ୀ ପିନ୍ଧି ।

ସଂଜକୁ ରସ ସହିତ ଶୋଷି ନେବାପାଇଁ
ଆସୁଛି ରାତି ପରି କେହି।

ଗୋଟିଏ ପୁରୁଣା ପୋଲ ଉପରେ
ଠିଆ ହୋଇଛି ଏକାକୀ ଜହ୍ନ।
କବିତାର ଧାଡିସବୁ ବି
ଏକଲା ଓ ବିଚ୍ଛିନ୍ନ।

ରାତିର ବାୟୁମଣ୍ଡଳ ରେ
କେତେକେତେ ଦୁଃଖବୀଜ,
କେତେ ନିଶବ୍ଦ ଗୀତ,
ପ୍ରେମ ଓ ହିଂସାର
ଲୁହ ଓ ଉତ୍ତାପର କୋଲାଜ୍।

ଶବ୍ଦଶୂନ୍ୟ ମୁହୂର୍ତ୍ତ ମାନଙ୍କର
ଉତ୍ସବ ମନାଇବା ପାଇଁ
ସକାଳଟିଏ
ଡାକି ଡାକି ଆସୁଛି କି ?

ଘୂଣପୋକ

ଘୋରି ହୋଇ ହୋଇ ଦିନେ
ସରିଯାଏ ସବୁ ଅନୁଭବ।
କଳ୍ପନାର ଚେର ଟିକକ ବି
ଖାଇଯାଏ ଘୂଣପୋକ।

ମୋ ଉପରେ ବଢ଼ିପାଣି,
ମୋ ଉପରେ ଝାଂଜି ମଡ଼କ,
ମୋ ଉପରେ ମଞ୍ଜାଥରା ଶୀତ।
ଆଖି ଖୋଲିଲା ବେଳକୁ
ଖାଲି ଗୋଟେ ବାୟୁମଣ୍ଡଳ ନିସ୍ତରଙ୍ଗ !

କେଜାଣି କୁଆଡେ ଗଲା
ଲୁହ ଟୋପାଏ ପରି ଦିଶୁଥିବା ସେ କାକର ବୁନ୍ଦା !
କୁଆଡେ ଗଲା ତାରରୁ ଝୁଲୁଥିବା
ସେ ବର୍ଷାର ମୁକୁତା !
ଛୋଟ ପଡିଥିବା ସାଇତା ପୋଷାକ ସବୁ
କାହିଁ ଆଉ ମହକୁ ନାହିଁ ତ
ଆଲମାରୀ ଥାକରେ!
ଟିକେ ବି ସ୍ପର୍ଶ ଆଉ ବାକି ନାହିଁ ବୋଧେ
ମୋ ଆଙ୍ଗୁଳିରେ, ଅକ୍ଷରରେ, ଆଖିରେ, ପ୍ରାଣରେ।

ଗୋଟିଏ ଏକୁଟିଆ ଦ୍ୱୀପ
କେବଳ ନିଜ ଛାଇର ମାୟାରେ ମଗ୍ନ।
ସୂର୍ଯ୍ୟ ଆସେ ଓ ଖସିଯାଏ।
ଜହ୍ନ ଆସେ ଓ ଦେଇଯାଏ କିଛି
ଆଲୁଅ ମଳିନ।

ଗୋଟିଏ ଗୋଟିଏ ଋତୁ ଏମିତି ଆସି
ଧୋଇ ଦେଇଯାଏ ମୋତେ।
ଗୋଟିଏ ଜୀବନ ନିଜ ଉପରେ
ରଙ୍ଗ ଢାଳୁ ଢାଳୁ
ଅଚାନକ ଭାସିଯାଏ ସୁଅରେ।

କେଉଁ ପବନର ଆଘାତରେ କେଜାଣି
ଚହଲିଯାଏ ବାକି ତକ ଶୂନ୍ୟସ୍ଥାନ
ଓ କ୍ରମଶଃ ମିଳାଇ ଯାଏ ଶୂନ୍ୟରେ।

■

ଶବ୍ଦମାନେ ଏବେ

ଶବ୍ଦମାନେ ମୋର ଏବେ
ମନା କରୁଛନ୍ତି ଫୁଲପତ୍ର ହେବାକୁ,
ସକାଳ ହେବାକୁ
କି ଦି'ପହର ଖରାରେ ଦୌଡ଼ିବାକୁ।
ରାଜି ହେଉନାହାନ୍ତି
ମହୁମାଛି ହେବାକୁ କି ପୋଷାପକ୍ଷୀ ହେବାକୁ ।
ଶବ୍ଦମାନେ ଏବେ
ଖୋଜୁଛନ୍ତି ଛାଇ ଅନ୍ଧାର।
ଶୋଇ ପଡ଼ିବାକୁ ଟିକେ
ନିଶ୍ଚିନ୍ତ ଆଶ୍ରୟ।

ଶବ୍ଦମାନେ ଆଉ
ପଢିପାରୁ ନାହାନ୍ତି ହାତରେଖା
କୌଣସି ସୁଖର କି ଦୁଃଖର।
ଦେଖି ପାରୁନାହାନ୍ତି
ପାହାଡର କେଉଁ ଖୋପରେ ଲୁଚିଯାଏ
ହସୁ ହସୁ ଉଦାସ ହୋଇଯାଉଥିବା ସୂର୍ଯ୍ୟ।

ଶବ୍ଦମାନଙ୍କୁ ଟିକେ ଛାଡିଦେଲେ
ଯାଅ ବୋଲି
ଘର ଭିତରର ସବୁ ଅନ୍ଧାର ଓ ବିକାର ଧରି

ଯାଇ ଛିଡା ହେଉଛନ୍ତି ଛକରେ ।
ଯେ କୌଣସି ମୁହୂର୍ତ୍ତରେ ଆଲୁଅ ଲିଭିଯିବ
ବୋଲି ଘୋଷଣା ହେଉଥିଲେ ବି
ଦିନରେ ଅନ୍ଧାର କାହାକୁ ବା ଭଲ ଲାଗେ !
ଛୁରୀ ପରି ଅନ୍ଧାର
ଦାଗ ପରି ଅନ୍ଧାର
ଦୋଷ ପରି ଅନ୍ଧାର
ଭାଗ୍ୟହୀନ ଲୋକର ଆଖି ପରି ଅନ୍ଧାର
କାହାକୁ ବା ଭଲ ଲାଗେ !!

ଶବ୍ଦମାନେ ମୋର ଏବେ ଦିଶୁଛନ୍ତି
ବିରସ ଏକାକୀତ୍ୱ ପରି,
ପଶ୍ଚିମ ଝର୍କାରେ ଅଟକିଥିବା
ସୂର୍ଯ୍ୟାସ୍ତ ସମୟ ପରି,
ହଠାତ୍ ଉପୁଡ଼ି ଯାଇଥିବା
ଗୋଟେ ବିରାଟ ଗଛର
ଅକାଶମୁହାଁ ଚେର ପରି,
ଯେ କୌଣସି ମୁହୂର୍ତ୍ତରେ
ଟପ୍ ଟାପ୍ ଖସି ପଡୁଥିବା
ଆକାଶର ଆଖି ପରି ।

ମୁଁ ଜାଣେ
ଅଧା ଆକାଶରେ ଲଟକିଥିବା
ଜୀବନ ପାଇଁ
ଶବ୍ଦମାନେ ମୋର ଏବେ
ବିଲକୁଲ୍ ଅଦରକାରୀ ।

■

ତୁ ଗଲା ପରେ

ତୁ ଗଲାପରେ ଦେଖ୍
କେମିତି ଦୋହଲୁଛି ଘରକାନ୍ଥ ।
ଅସ୍ଥିର ଉଦବିଗ୍ନ ଛାତ ।
କେମିତି ଚୋରୀ ହେଉଛି ଖରା
ଆମ ଅଗଣାର ।

ଘର ଭିତରକୁ କୁଆଡୁ କୁଆଡୁ
ପଶି ଆସୁଛି ଏତେ ଧୂଳି !
ଆଖିରେ ପଶୁଛି ।
ଉଡ଼ି ଆସୁଛି ଶୁଖିଲା ପତ୍ର,
ଛାତିରେ ଜମା ହେଉଛି ।

ତୁ ଗଲା ପରେ
ପ୍ରଥମ କରି ପଥରଟେ
ପାଣି ପରି ଝରି ଯିବାର ଦେଖୁଛି ।
ପାଣି ଭର୍ତ୍ତି ନଈଟେ
ଶୁଖିଯାଇ ପଥୁରିଆ ହେବାର ଦେଖୁଛି ।

ଜଳୁଥିବା ଦୀପର ଆଖିରେ ଦେଖ୍
କେମିତି ଗୋଟେ ହିଂସ୍ରତା ଦିଶୁଛି ।

ସମୁଦ୍ରଟିଏ ମନ୍ଥି ହୋଇ
କେବଳ ଗରଳ ଢାଳିବା ଦେଖୁଛି।

ତୁ ଗଲା ପରେ
ଆମର ପୁରୁଣା ଆଲବମ୍ ର ମୁହଁ ସବୁ
ହଜିଗଲେ କୁଆଡ଼େ !
ଘରର କେଉଁ କେଉଁ ଅନ୍ଧାର କୋଣରୁ
ଏତେ ଏତେ ନୂଆ ମୁହଁ
ଉକୁଟି ଆସିଲେ !

ତୁ ଗଲା ପରେ ଦେଖ୍
ବିଶ୍ୱାସର ଘଞ୍ଚଗଛରେ
ବୁଢ଼ିଆଣୀ ଜାଲ ବିଛାଇଛି ।
ଶିକାର ଖୋଜୁଛି।
କୀଟ ପତଙ୍ଗ ପରି ଆମେ,
ନିଜ ନିଃଶ୍ୱାସ ନିଜକୁ
ଅଚିହ୍ନା ଲାଗୁଛି।

କୁଆଡ଼େ ଯିବି

କୁଆଡେ ଯିବି ଏତେ ରାତିରେ !
ଆଖି ବନ୍ଦ ରଖେ କି
ଖୋଲା ରଖେ
ଆଲୁଅ ଲିଭାଏ କି
ନ ଲିଭାଏ
ନିଦ ଆସିବାକୁ ଭୟ କରୁଛି
ମୋ ପାଖକୁ !
ମୋ ଶେଯର ଅଦୃଶ୍ୟ କଣ୍ଟା ତାକୁ ଡରାଉଛି
ନା ମୋର ଆଖି ତାକୁ କାକଟସ୍ ପରି ଲାଗୁଛି !

ମୋ ଚାରିପାଖେ କୁହୁଳୁଛି
ଗୋଟେ ଅସମୟ ।
ମୋ ଚାରିପାଖେ
ନାନାପ୍ରକାର ଯୁଦ୍ଧ ଓ ପରାଜୟ ।

ଆଖି ଠିକ୍ ମାଡି ଆସିଲା ବେଳକୁ
ପୁଣି ଗୋଟେ ଭୟ,
ପୁଣି ଗୋଟେ ଯୁଦ୍ଧ ।

ଛାପିଛାପିକିଆ ଗୋଟେ ଗୋଳିଆ ସ୍ୱପ୍ନ..
ଦୁର୍ବୋଧ ପୁଣି କିଛି ଭୟ ।

ଅନ୍ତଃସାରଶୂନ୍ୟ ଏବେ ଭୂତ ଭବିଷ୍ୟ ବର୍ତ୍ତମାନ।
ମିଛ ସବୁ କଳ୍ପନା ଜଳ୍ପନା।
ମୋତେ ବୁଡ଼େଇ ଦେବାକୁ ମାଡ଼ିଆସେ
କି ଗୋଟେ ଦୀର୍ଘଶ୍ୱାସ
ଖୁବ୍ ଓଜନିଆ।

କୁଆଡେ ଯିବି ଏତେ ରାତିରେ!
କେଉଁ ମହାସାଗରକୁ?
କେଉଁ ମହାକାଶକୁ?
କେଉଁ ଅତଳତଳ ଥିବ ଏବେ
ଭୟଶୂନ୍ୟ?
କେଉଁ ଶିଖର ଥିବ ନାତିଶୀତୋଷ୍ଣ?

କୁଆଡେ ଯିବି!
ପଲକ ପଡୁ ନ ଥିବା ମୋର ଦୁଇ ଆଖିଙ୍କୁ
ଏବେ ଅଚିହ୍ନା ବାରିଲାଣି
ଅନ୍ଧାର ବି।
ଆଲୁଅ ତ କେବେଠୁ ତାକୁ
ପଥର ଭାବି ଭୁଲି ସାରିଛି।

■

ଲୁହ ତିଆରୁ ଥିବା ଲୋକ

କେଉଁ କାନ୍ଦଣାରେ
ଲୁହର ଦରକାର ପଡେନାହିଁ
ଲୁହ ତିଆରୁ ଥିବା ଲୋକ କଣ ଜାଣିପାରେ ?

ହୃଦୟକୁ ଦଳି ମକ୍ଟି ଚିପୁଡି ଦେଲେ ବି
ବୁନ୍ଦାଏ ଲୁହ ଆସେ ନାହିଁ
ଛଅ ରାତି ନର୍କରେ ବିତାଇ ଥିବା
ଝିଅଟି ଆଖିରେ ।
ତା କାନ୍ଦର ଭାଷା ସେ ନିଜେ ବି
ଆଉ ବୁଝି ପାରେ ନାହିଁ ।

ସ୍ତ୍ରୀ କୁ ଭୁଲିଯାଏ ସ୍ୱାମୀଟିଏ
ମଝିରାସ୍ତାରେ ।
ରାତିର ଜଙ୍ଗଲରେ ମିଶିଯାଏ କିଛି
ଅନ୍ଧାରୀ କାନ୍ଦଣା ।
ପରଦିନ ସେ ସ୍ତ୍ରୀ ଲୋକଟି
ନିଖୋଜ ହୋଇ ସାରିଥାଏ
ନିଜର ଇ ଶୂନଶାନ୍ ଆଖି ଭିତରେ ।

ପରିଚୟହୀନ ଶିଶୁମାନେ ଯେବେ
ଉଦ୍ଧାର ହୁଅନ୍ତି ରାସ୍ତା କଡ଼ରୁ,ଡଷ୍ଟବିନରୁ,

ଡାକ୍ତରଖାନାର ଶୌଚାଳୟରୁ
କେଉଁଠୁ ବି ଶୁଭେନାହିଁ
ସେମାନଙ୍କର ମାଆ ମାନଙ୍କର କାନ୍ଦ।
ଆଖିର ଲୁହା କବାଟ ଭିତରେ
ବନ୍ଦ ଥାଏ ସେମାନଙ୍କର ଲୁହ
ଶିଶୁଙ୍କ ଲୁହ ପାଖରେ ଋଣି ହେଲାବେଳେ
ସାରା ଜଗତ !

ସ୍ୱପ୍ନ ଶିକାରରେ ବାହାରିଥିବା ଲୋକଟି
ଛାତିରେ ଚୋଟ ଖାଇ ଫେରେ।
ରକ୍ତ ଝରି ଭିତରେ ଭିତରେ
ବତୁରି ସାରିଥାଏ ମାଟିପିଣ୍ଡ।
ଆଖିରେ ଥାଏ କେବଳ ଶୁଖିଲା ମେଘ
ଖଣ୍ଡେ ଦିଖଣ୍ଡ।

ବୟସର ଉପାନ୍ତରେ ପଡ଼ିଥାଏ
ଲୋକଟିଏ ଏକଲା।
ଆଖିରେ ତାର ଲୁହ ନୁହେଁ
ଥାଏ ଶେଷ ନିଦାଘର ଜ୍ୱାଳା।

ପ୍ରେମଟିଏ ଅପମାନିତ ହୋଇ
ଲୁଚିଯାଏ ମନର ଅନ୍ଧକାର ଭିତରେ।
ଜହ୍ନରାତିକୁ ସ୍ତବ୍ଧ କରିଦିଏ
ତାର ଗୋପନ କାନ୍ଦଣା ।
ସକାଳକୁ ଗାଲ ଉପରେ ଚକ୍ ଚକ୍ କରୁଥାଏ
ଆଲୁଅର ଦାରୁଣ ଛଳନା।

ଲୁହର ନିର୍ମାତା ତଥାପି ଲାଭରେ ଥାଏ।
କିଛି ଲୁହ ବିକ୍ରି ହୁଏ କ୍ୟାମେରା ସାମ୍ନାରେ

ଖୁବ ଚଢାଦରରେ।
କିଛିଲୁହ ଲୁଚି ଲୁଚି ମୁକ୍ତା ପାଲଟୁ ଥାଏ
ଗଭୀର ଆବେଗର ସମୁଦ୍ର ଭିତରେ।

ସଂସାର ହାଟରେ ଲୁହର କାରବାର
ସରେନାହିଁ କେବେ ।

■

ଶବ୍ଦ ଖେଳ

ଆସ ଖେଳିବା ଶବ୍ଦ ଖେଳ
ଯେମିତି ପାଣି ଆଉ ମାଛ
ନଈ ଆଉ ସୁଅର ଖେଳ ।
କୂଳରେ ବଗ, କୂଳରେ ଯାତ୍ରୀ, ନୌକା
ଆଉ ବ୍ୟସ୍ତ ବିବ୍ରତ, ଉତ୍କଣ୍ଠିତ ଗୋଟେ
କାଳଖଣ୍ଡର କଟାଳ ।

ଏଇ ମୁଁ ପିନ୍ଧିଲି ଶବ୍ଦର ପାଉଁଜି
ଆଉ ଶୁଣାଇଲି ଦୁଃଖର ଛମ୍ ଛମ୍ ।
କେହି ଜଣେ ଶୁଣିଲା,
କେହି ଜଣେ ଝରକା ଖୋଲିଲା,
କେହି ଜଣେ ଆକାଶ ପାତିଲା ।
ମୁଁ ମୋର ପାଉଁଜି ଶବ୍ଦରେ ମଗ୍ନ !

ଏଇ ମୁଁ ଶବ୍ଦର ଗୁଡି ଉଡ଼େଇଲି ।
ଗୁଡିକୁ ମୋର ନ କାଟୁ କେହି ବୋଲି
ନିଜେ ଇ ଏକତରଫା ପବନ ହେଲି ।
ଗଛକୁ କଣ୍ଟାବୁଦାକୁ ଆଡେଇ
ଉଡାଣ ପାଇଁ ରାସ୍ତା ତିଆରିଲି ।
କିଛି ସମୟର ଆକାଶ ପାଇଁ
ମାଟିକୁ ଭୁଲିଲି ।

ଏଇ ତ କିଛି ଶବ୍ଦ ସଜ ହେଲେଣି
ତୁଣୀର ଭିତରେ।
କିଛି ଶବ୍ଦ ଫେରିଆସିଲେଣି ଅସ୍ତାବଲକୁ ।
କେଉଁଠି ବିଷ ବୋଳା ହେଉଛି ।
କେଉଁଠି ଧାର ପରୀକ୍ଷା ଚାଲିଛି ।
ଆଗାମୀ ଯୁଦ୍ଧ ପାଇଁ ସଜ ହେଉଛି
ଗୋଟେ ଅଦୃଶ୍ୟ ପୃଥିବୀ ।

ଆସ ଖେଳିବା ଶବ୍ଦ ଖେଳ
ଯେମିତି ଛକି ଶୂନ ଖେଳ
ନହେଲେ ସାପ ସିଡ଼ି ଖେଳ।
ଏପଟୁ ଜୀବନ ,
ସେପଟୁ ମରଣ।
ସେପଟୁ ମଳୟ,
ଏପଟୁ ପ୍ରଳୟ ।
କେବେଦିନେ ଏକଧାଡ଼ିରେ
ରହିଯାନ୍ତେ କି ପୂର୍ଣ୍ଣ ଆଉ ଶୂନ୍ୟ,
ସତ ଆଉ ଭ୍ରମ !

ଶବ୍ଦଖେଳରେ କିଏ ଜିତେ କିଏ ହାରେ
ବଡ଼ କଥା ନୁହେଁ।
କଥା ହେଲା ଶବ୍ଦ ହିଁ ତାର
ନିଜର ନିଆଁ ପାଣି ପବନ।
ଶବ୍ଦ ହିଁ ତାର
ନିଜର ସନ୍ତ୍ରାସ ଓ ଉଲ୍ଲାସ ।
ଶବ୍ଦ ଉପରେ ଫାଶ ପକାଇ
ଆମେ ନିଜେ ଇ ଶବ୍ଦର ମୁଗ୍ଧ ଜାଲରେ ବଶ।

■

ବିଶ୍ୱସ୍ତ

ନା.. ହେଇ ପାରୁନି।
ଅନ୍ଧାରକୁ ଅନ୍ଧାର ଛଡା
ଅନ୍ୟ କୌଣସି ରଙ୍ଗ ଦେଇ ପାରୁନି।

ସଂଜର ଅନ୍ଧାରକୁ
ନାନା ରଙ୍ଗର ଆଲୁଅ ଦେଲି ।
ମୋ ଠୁ ଅଳ୍ପ ଦୂରରେ ଠିଆ ମୋର ସ୍ୱପ୍ନକୁ
ମୋ ଆଖିର ସବୁତକ ଆୟୁଷ ଦେଲି।
ସଞ୍ଜ ତଥାପି ଦିଶିଲା
ଗୋଟେ ଦରଫୁଟା କୋହ ପରି !
ଏବଂ ସତେଜ ବୃନ୍ତରୁ ଗୋଟିଗୋଟି ପାଖୁଡ଼ା
ଝରି ପଡିଲେ ରକ୍ତାକ୍ତ ହୋଇ।
ନା ..ଅନ୍ଧାରକୁ ଫୁଟେଇ ହେବନି
ଏବେ ଫୁଲ ପରି
ବୁଝିଗଲି।

କୃତ୍ରିମ ଝରଣା କୂଳରେ
ନିଜ ମୁହଁ ଦେଖୁଥିଲା ଗୋଟେ ପକ୍ଷୀ ।
ଏବଂ ପକ୍ଷୀକୁ ଲେନ୍ସ ରେ ଉତାରୁ ଥିଲା
ହଳେ ଅଜଣା ଆଖି।

ଆକାଶ ମଝିରେ ଗୋଟେ ବସା
ଓ କିଛି ବିଦଗ୍ଧ ପବନ ।
ମୁଁ ଏମାନଙ୍କ ଚିତ୍ର ଆଙ୍କିଲି
ନିଜ ଆଖିର ରଙ୍ଗ ଦେଇ ,ପ୍ରେମ ଦେଇ,
ଅପୂର୍ଣ୍ଣ ଲୋଭ ଦେଇ।
ଝରଣା ସତ ପରି ଦିଶିଲା।
ସତ ପାହାଡ଼ ଓ ସତ ଆକାଶକୁ ଝୁରି
ଉଦାସ ହେଲା ।
ନା ..ଏକାକୀତ୍ୱକୁ ଓ କଳ୍ପନାକୁ
ଟାଣି ଓଟାରି ଯେତେ ଅକାଶମୁହାଁ କଲେ ବି
ଉଡ଼ାଣ ହେବନାହିଁ, ମାନିଗଲି।

ରାତି ପରି ମୁଁ ଫେରିଲି।
ଆତ୍ମା ଓ ଅସ୍ତିତ୍ୱ ସାରା
ବୁନ୍ଦାବୁନ୍ଦା କାକର।
ମୋ ପ୍ରେମର ନୀଳରଙ୍ଗ ଏବେ
ଅସାର ଜାଣି
ତା ଉପରେ ବି ଘୋଡାଇ ଦେଲି ଅନ୍ଧାର ।

ଜୀବନରୁ ସରୁଛି ଜୀବନ
ଏତକ ଜାଣି ବି
ଲେଉଟି ଆସିଲା ନାହିଁ
ଭାଗ୍ୟରୁ ଖସିଥିବା ସୁଖଦିନ ।
ପୂର୍ଣ୍ଣ ହେଲେ ପାର୍ଥିବ
ନହେଲେ ଅପାର୍ଥିବ କୁହାଯାଏ ଇଚ୍ଛାମାନଙ୍କୁ
ଏତକ ବୁଝିବା ପାଇଁ ବିତିଗଲା
ପୂରା ଗୋଟେ ଜନ୍ମ!

ନା ..ହେଇ ପାରୁନି ।
ଯେତେ ଅନ୍ତରଙ୍ଗ,
ଯେତେ ବିଶ୍ୱସ୍ତ ହେଲେ ବି
ଲୁହକୁ ଲୁହ ଛଡା
ଅନ୍ୟ କୌଣସି ରଙ୍ଗ ଦେଇ ପାରୁନି ।

■

ରେବତୀ

ଯେମିତି ଆକାଶରୁ ଖସେ ଉଲକା
ଓ କିଛିଲୋକ ମାଗି ନିଅନ୍ତି
ନିଜ ନିଜ ଅଭୀଷ୍ଟ ପୂରଣର ବର ,
ରେବତୀ ଖସି ଆସେ
ଗୋଟେ ଆକାଶେ ଉଚ୍ଚା ପୃଷ୍ଠାରୁ ।
କେଉଁଠି ଗୋଟେ ଗଜୁରିବାର ଥାଏ
ନୂଆ ନକ୍ଷତ୍ର ।

ଦେହରୁ ଏ ପର୍ଯ୍ୟନ୍ତ ଛାଡି ନ ଥାଏ
ପରମ୍ପରାର କାଳି
ଓ ନଷ୍ଟଭାଗ୍ୟର ଛାଇ ।
ରେବତୀ ବାହାରି ଆସେ
ପୋଷାକ ବଦଳାଇ।
ମୋ ରାସ୍ତାରେ ଚାଲେ ସିଏ।
ତୁମ ରାସ୍ତାରେ ବି ତୁମେ ତାକୁ
ପାଇଯାଅ ସହଜରେ।

ରେବତୀ ରାସ୍ତାରୁ ଜରି ଗୋଟାଏ।
ମାଆ କାମକୁ ଗଲେ
ଘରେ ସାନଭାଇକୁ ଜଗେ ।
ଭୋକରେ ରହେ, ଲୁହପାଣି ପିଏ।

ଦୂରରୁ ଦେଖେ ରେବତୀ
ସ୍କୁଲ ଗେଟ୍ ଖୋଲାହୁଏ ଓ ବନ୍ଦ ହୁଏ।
ଅକ୍ଷର ସବୁ ମରିଯାନ୍ତି
ରେବତୀର ଘରେ ପଡିଥିବା
ଚିରା ଖବରକାଗଜରେ ।

ସେପଟେ ରେବତୀ
ବୟସର କାଚଫ୍ରେମ୍ ଭାଙ୍ଗି
ପବନରେ ପହଁରିଲା ପରି ଚାଲେ ।
ଅନେକ ଆଖିର ସ୍ୱପ୍ନ ଲହଡି ଭାଙ୍ଗେ
ତା ଦେହରେ।
ଗୋଟିଏ ହାତରେ ରେବତୀ କଲମ ଧରେ।
ଅନ୍ୟ ହାତରେ କଟୁରି ଧରି
କାଟି ଚାଲେ ଅନାବନା ସମ୍ପର୍କ ।
ଗୋଟିଏ ପାଦରେ ଆଗକୁ ଯାଏ ।
ଅନ୍ୟ ପାଦରେ ଦଳି ପକାଏ
ମାଟିର ମୋହ।

ରେବତୀର ପ୍ରେମ ଗୋଟେ କଣ୍ଟା ବୁଦା ପରି ।
କଣ୍ଟାରେ ଲାଗି ପିନ୍ଧାଲୁଗା ଚିରେ।
ତାର ଅସ୍ତିତ୍ୱ ଚିରେ।
ରେବତୀ ବରଂ ଭଲ ଲାଗେ
ତାର ଅଧୁରା ଗପରେ ।

କେଉଁଗୋଟେ ଅଖ୍ୟାତ ପଲ୍ଲୀରେ
ପୁଣି ଥରେ ଉଲକା ଖସେ ।
ନୌକାରୁ ଖସି କିଛି ତାରା
ବୁଡିଯାନ୍ତି ପାଣିରେ ।
ସେତେବେଳେ ରେବତୀ ଦିଶେ

ଦେବଦୂତ ପରି।
ତାରାମାନଙ୍କୁ ଟାଣି ଆଣେ ପାଣିରୁ
ଭୟ ଓ ଅନ୍ଧାର ସହ ଲଢ଼ି,
ଅନ୍ଧାର ତିଆରୁଥିବା ଧାରଣାମାନଙ୍କୁ
ପାଣିରେ ସମାଧି ଦେଇ।

ରେବତୀ କିନ୍ତୁ ହାରିଯାଏ, ମରିଯାଏ
କାଠୁଆର ଜାତିବାଦରେ,
ପିପିଲିର ରାଜନୀତିରେ,
ହିନ୍ଦୋଳର ଗଣଧର୍ଷଣରେ ।
ସେ କୁଆଡେ ନିଜେ ମରିଥାଏ।
କେହି ତାକୁ ମାରିନଥାଏ ।

ଲୋକେ କହନ୍ତି ଆଇନ
ତା ନିଜ ବାଟରେ ଯାଏ।
କେଜାଣି କୁଆଡେ ଯାଏ !
ଯେଉଁ ବାଟରେ ଯାଏ
ସେ ବାଟରେ ରେବତୀ ନ ଥାଏ।

■

ମଲାଜହ୍ନ

ତାର ଏକଲାପଣ ଏମିତି
ଅଚାନକ ଶେଷ ହେଲା ।
ପବନ ତାକୁ ଆଉଁଷି ଦେଲା।
ମାଟି ତା ପାଇଁ ପଣତ ପାତିଲା ।
ଅଗ୍ନି ବାହୁ ମେଲାଇଲା।
ଆକାଶ ତାର ହାତ ଟାଣିଲା
ଅସୀମତା ଆଡ଼କୁ।
ଜଳରେ ବିଲୀନ ହେଲା ତାର
ସବୁ ଅସାମର୍ଥ୍ୟ,
ପ୍ରାର୍ଥନାର କୋଲାହଳ ପରି ଏକାକୀତ୍ୱ।

ଖୁବ ପୁରୁଣା ଥିଲା ତାର ଏକଲାପଣ।
ଯେମିତି ଭଣ୍ଡାର ଘରର ଅନ୍ଧାର କୋଣରେ
ଯୁଗ ଯୁଗ ଧରି ବସା ବାନ୍ଧିଥାଏ ଅଳନ୍ଧୁ ।
ଖୁବ ଶକ୍ତ ଥିଲା ତାର ଏକଲାପଣ
ଯେମିତି ନଈକୂଳର ବିରାଟ ପଥରଖଣ୍ଡ
ନିରବରେ ଅନେଇଥାଏ ଜୀବନ ସୁଅକୁ।

ତାର ଏକଲାପଣରେ ବେଳେ ବେଳେ
ସାମିଲ ହେଉଥିଲେ କିଛି ପକ୍ଷୀ ।
କିଚିର ମିଚିର ଶବ୍ଦରେ ଖୁମ୍ପି ଦେଉଥିଲେ

ତାର ନିରବ ଭାଗ୍ୟକୁ।
ତାର ଏକଲାପଣର ଟାପୁରେ ପିଟିହୋଇ
ବେଳେବେଳେ ଆହତ ହେଉଥିଲା
ସମୁଦ୍ର ଢେଉ
ଓ ମାଡି ଆସୁଥିଲା ତା ଆଖିର
ଛୋଟଛୋଟ ସ୍ୱପ୍ନପୁଞ୍ଜି ଆଡ଼କୁ।

ତାର ଏକଲାପଣ କେବେ
ପ୍ରଶ୍ନ କରିନଥିଲା ସମାଜକୁ।
କେବେ ଗାଳି ଦେଇ ନ ଥିଲା ବ୍ୟବସ୍ଥାକୁ।
ବାଦ କରି ନ ଥିଲା ସମୟ ସହ,
ସହଯାତ୍ରୀଙ୍କ ସହ।
ଅଟକାଇ ନ ଥିଲା ଜୀବନଧାରାକୁ।

ତାର ଏକଲାପଣ ହୁଏତ
କବିତା ପରି ଏତେ ସୁନ୍ଦର ନ ଥିଲା
କି ଗପ ପରି ଏତେ ବର୍ଣ୍ଣିଳ ନ ଥିଲା।
ତାର ଏକଲାପଣ
ତାର ସ୍ୱାଭିମାନର ଲାଲ୍ ପତାକା ହୋଇ
ଉଡୁଥିଲା।
କୌଣସି କଲମର କାଳି ସେ ପତାକା ତଳେ
କୌଣସି ଶବ୍ଦ କି ଅର୍ଥ ନେଇ
ବେଶି ବେଳ ଠିଆ ହୋଇ ପାରୁ ନ ଥିଲା।

ତାର ଏକଲାପଣ ଶେଷରେ
ଏମିତି ଶେଷ ହେଲା।
ପୌଷ ଶେଷର ମେଘରେ ଯେମିତି
ଆଉଟିକେ ଉଜ୍ଜଳ ହୋଇ
ଚନ୍ଦ୍ରମା ଲୁଚିଲା। ■

ଗ୍ରୀଷ୍ମ

ଏଥରକ ଖରା ଯେମିତିକି
ମୋ ଶିରାରେ ବୋହୁଛି ।

ଆଖି ଖୋଲିଲେ ଖରା ତରଳି
ବୋହି ଆସୁଥାଏ ଗାଲ ଉପର ଦେଇ ।
ପୋଡୁଥାଏ ଛାତି ।
ମନତଳେ ଖାଁ ଖାଁ ଦି'ପହର ।
ଓଠତଳେ ଶବ୍ଦସବୁ ଚୁପଚାପ୍ ।
ସ୍ମୃତିକୁ ପାକୁଳେଇ ଘୁମେଇ ପଡୁଥାଏ
ସମୟ ।
ସରି ଆସୁଥିବା ଶ୍ୱାସବାୟୁ
ବୁଝାମଣା କରୁଥାଏ
ବେଳକୁବେଳ ବଢୁଥିବା ଶୋଷ ସହ ।

ଖରାରେ ଜଳି ଯାଇଛି
ଗୋଟେ କୋମଳ ସମ୍ପର୍କ ।
ଖରାରେ ରଙ୍ଗ ଛାଡିଛି
ଗୋଟେ ପ୍ରିୟ ପୋଷାକ ।
ଶୀତତାପ ନିୟନ୍ତ୍ରିତ କୋଠରୀ ଭିତରେ
ଅସହ୍ୟ ତାତିରେ ଆହତ
ଗୋଟେ ପ୍ରେମାର୍ଦ୍ର ହୃଦୟ ।

ଖରାରେ ଚକଚକ୍ ରାସ୍ତା
କେଉଁ ଅସୀମ ଆକାଶଖୋଜା !
ଖରାରେ ରାସ୍ତା ଉପରେ ଚାଲୁଥାଏ ନଈ।
ପ୍ରତିପଳ ନୂଆ ନୂଆ ଧୋକା !

ମୋ ଭିତରେ ମରିଯାଏ ଶୋଷ।
ମୋ ଭିତରେ ସରିଯାଏ ଭୋକ।
ତାଳୁରୁ ତଳିପା ଯାଏଁ ଶିର୍ ଶିର୍
ବୋହିଯାଏ ଖରାର କୁହୁକ।

ଦୂରରେ ହସୁଥାଏ ଫଳନ୍ତି ଗଛଟିଏ।
ଛାଇମାନେ ହାତ ଧରାଧରି ହୋଇ
ଠିଆ ହୋଇଥାନ୍ତି
ଗୋଟିଏ ଧାଡିରେ।

ବଡ ବିଷମ ଲାଗେ ପ୍ରେମ
ଏ ଆଖିଝଲସା ଗ୍ରୀଷ୍ମରେ।
ଜଳର ଅଭାବ ତ ବୁଝିହୁଏ।
ପବନ ବି କାହିଁକି ଯେ ଅଟକି ଯାଇଥାଏ
ଗୋଟେ ନିରୁତ୍ତର ଇଲାକାରେ !

ଗୋଟିଏ ଋତୁରେ ଏତେ ନିଆଁ !
ସ୍ୱାହା ମୋର ଅସଂଖ୍ୟ ଜନ୍ମ।
ମରି ଯାଇଛି ଫୁଲଗଛ ।
କାହାଣୀ ଅପୂର୍ଣ୍ଣ ।

■

ଫଗୁଣର ଆୟୁଷ

ଆୟୁଷର ଶାଗୁଆ ପତ୍ର ସବୁ
ଝଡି ଯାଉଥାଏ।
କେଉଁଆଡୁ ବୋହି ଆସେ
ଧାରେ ଖରପବନ।
ଶ୍ୱାସନଳୀରେ ମିଛ ବିଶ୍ୱାସର ସଂକ୍ରମଣ।

ପଳାସ ଜଳେ କିଛି କାଳ
ଗୋଟେ ଆତୁର ଅପେକ୍ଷା ଭିତରେ।
ଜଙ୍ଗଲର ଗୀତ ବି ସରିଯାଏ
ଗୋଟେ ଭୟାନକ ନିରବତାରେ।

ମୋ ପାଖକୁ ପକ୍ଷୀଟେ ଆସେ।
ମୋର ଦୁଃଖକୁ ଖୁମ୍ପେ ଓ
ଉଡ଼ିଯାଏ।
ରକ୍ତକୁ ଚହଟାଇ ଫୁଲ ଫୁଟେ।
କାନ ପାଖରେ କେଉଁ ଗୋଟେ ବିଷାଦର
ଗୁଣୁଗୁଣୁ ଗୁଂଜନ ଭିତରେ
ଫଗୁଣର ପାଦଶବ୍ଦ ଶୁଭେ।

କେଉଁ କବାଟ ଖୋଲା ହେବ ଏବେ
ଜଣା ନ ଥାଏ ମୋତେ।

ଭିତରର ପ୍ରତ୍ୟେକ ଝରକାରେ କଳଙ୍କି।
କିଛି ଅତୃପ୍ତ ସ୍ୱପ୍ନଙ୍କୁ ଖୋଲି ଧରିଥାଏ
ଫଗୁଣର ଆଖି।

ମୁଁ ବାହାରେ
ଗୋଟେ ତ୍ରସ୍ତ କାହାଣୀ ଭିତରୁ,
ଗୋଟେ ଉଧାରୀ ସୁଖର ଚାପ ଭିତରୁ।
ଟାଣି ହୋଇଯାଏ ହୃଦୟରେଖାଟିଏ
ମୋର ପଥର ପାପୁଲିରେ।
ନୂଆପତ୍ର କଅଁଳି ଆସୁଥାଏ
ବୟସର ଅଚିହ୍ନା ବଗିଚାରେ।

ମୋ ଭିତରର ଖାଲିପଣ
ଝୁମି ଉଠୁଥାଏ ନିଶାରେ।
ସରି ସରି ଆସୁଥାଏ ଆତଙ୍କ।
ସରି ସରି ଆସୁଥାଏ ଗୋଟେ
ଏକଲା ଫଗୁଣର ଆୟୁଷ।

■

ଶବ୍ଦ ସମୁଦ୍ର

କେବଳ ଓ କେବଳ ଶବ୍ଦ ଛଡା
ଆଉ କେହି ନାହିଁ ଏବେ
ମୋ ପାଖରେ ।
ଶବ୍ଦ ମାନଙ୍କୁ ମୁଁ ଏବେ
ଜାଗ୍ରତ ରଖିବି ରାତି ବିଛଣାରେ ।
ତକିଆର ସ୍ୱପ୍ନ ଶିରାରେ ।

ଶବ୍ଦମାନେ ମୋର କୋମଳ ହୁଅ ହେ !
ମୋର ଏକାକୀ ଶରୀରକୁ
ଫୁଲର ପରଶ ଦିଅ ।
ମୋର ବାଟବଣା ନିଃଶ୍ୱାସକୁ
ହାତଧରି ରାସ୍ତା ପାରି କର ।

ଗୋଟି ଗୋଟି ହୋଇ ଦୁଃଖମାନେ
ମାଡ଼ି ଆସୁଛନ୍ତି
ଛପି ଛପି ଝରକା ଫାଙ୍କରୁ,
କବାଟ ସନ୍ଧିରୁ,
ସ୍ନାୟୁରୁ, ରକ୍ତରୁ ।
ଏବେ ତୁମେ ତରଳି ଯାଅ ହେ
ଶବ୍ଦମାନେ

ଏବଂ ଏ ଦୁଃଖମାନଙ୍କୁ ଭସାଇ ନିଅ
ମୋ ମନର ସୀମା ବାହାରକୁ ।

ଏବେ ଯାଏଁ
ସମ୍ପର୍କର ଶୁଖିଲା ଫୁଲଙ୍କୁ ଗୋଟାଇ
ଫିଙ୍ଗିପାରିନି ମୋ ସମୟ ।
ବିଛଣାରେ ମଲା ପାଖୁଡ଼ାଙ୍କ ସଂଶୟ ।
ଶବ୍ଦମାନେ ମୋର ଯଥାଶୀଘ୍ର ପାଲଟିଯାଅ
ସଫେଦ ଚାଦର ।
ବେଳ ଗଡ଼ିଯାଉଛି
ଅସୁନ୍ଦରପଣ ସବୁକୁ କବର ଦେବାର ।

ବିନ୍ଦୁଏ ବିଷରେ କେମିତି
ବିଷାକ୍ତ ହେଲା ଏ ବିଶାଳ ସମୁଦ୍ର !
ଫେଣରେ ଢାଙ୍କି ହୋଇ
ଅଣନିଃଶ୍ୱାସୀ ଉପକୂଳ ।

ପ୍ରିୟ ଶବ୍ଦମାନେ ମୋର,
ସଶକ୍ତ ଶବ୍ଦମାନେ ମୋର
ଚାଲ ଏବେ ମନ୍ଥନ କର ହୃଦୟ ସମୁଦ୍ର ।
ପେଶି ହୁଅ, ରକ୍ତାକ୍ତ ହୁଅ ପଛେ
ମଣିଷ ହାତକୁ ଆସୁ ଏଥର
ଅମୃତକଳସ ।

■

ପୁଅକୁ

ପଣତରୁ ମୋର ଉଭେଇ ଗଲେଣି
ଜହ୍ନ, ତାରା, ଆକାଶ।
ଊର୍ଦ୍ଧ୍ୱ ଉଡାଣ ଶିଖି ଗଲାଣି
ଗେହ୍ଲା ପକ୍ଷୀ ମୋର।

ମୋ କୋଳରେ ଆଉ ଜାଗା ନାହିଁ
ସାଉଁଟି ନେବାକୁ ତା ପୃଥିବୀ।
ମୋ ହାତର ସୀମା ବାହାରେ
ତାର ନୂଆ ପରିମିତି।

ମୋ ଦେହ ଭିତରେ ଏବେ
ଭାଙ୍ଗୁଛି ଗୋଟେ ପାଚେରୀ।
ଜରାୟୁର ନିବିଡ଼ତମ ଅଂଶକୁ
ମୁଁ ପୁଣିଥରେ ଛୁଇଁ ଦେଖୁଛି।

ଏ କି ଖାଲିପଣ !
ଏ କି ମୋହ !
କଂଚା କ୍ଷୀର ବାସ୍ନାରେ
ମହକି ଉଠୁଛି ଦେହ।

ପକ୍ଷୀ ମୋର, ପ୍ରାଣ ମୋର
ମୋର ଆବେଗର କାନ୍ଥ ଡେଇଁ
ଉଡ଼ି ଯାଉଛି ।
ଶୂନ୍ୟପଣତରେ ମୁଁ ଢାଙ୍କି ନେଉଛି
ମୋର ରିକ୍ତ ଛାତି ।

ନିଜ ଦେହର ଅର୍ଦ୍ଧେକ ଅଂଶରେ ଆଜି
ଅମାପ ଉଡ଼ାଣ ତ
ବାକି ଅଂଶରେ ଶୁଭୁଛି
ସେ ଉଡାଣ ପାଇଁ ପ୍ରାର୍ଥନା ଗୀତି ।

■

ପିଲାଦିନ; ଏକ ପ୍ରେମ କବିତା।

ଆଖିରେ ନ ଥାଏ
ଦୃଶ୍ୟରେ ଥାଏ
ପ୍ରେମର ନିରବତା ପରି
ମୋର ପିଲାଦିନ।

ଦେହରେ ଏବେ ବୟସର କୋଳାହଳ।
ମୁହଁରେ ସଫଳ ଜୀବନର ପ୍ରଲେପ।
ତା ଭିତରେ ପିଲାଦିନ ଗୋଟେ
ଉଷ୍ମ ଅନ୍ତଃସ୍ରୋତ।

ପ୍ରେମ କଣ ପ୍ରଥମେ ସେଇଠି ଜାଣିଲି
ବାପାଙ୍କ ଆଙ୍ଗୁଳି ଧରି ଯେବେ
ରାସ୍ତା ପାରି ହେଲି।
ଏବଂ ମାଆ ମୋ ଆଖିରେ ଲଗାଇଦେଲା
ମୋଟା କଜ୍ଜଳଗାର
କାହାର କୁଦୃଷ୍ଟି ନ ପଡୁ ବୋଲି।

କଳାବେଣୀ ରେ ବନ୍ଧାହେଲା
ଧଳା ରିବନ।
ବର୍ଷା ନାଚିଲା ଛମ୍ ଛମ୍।
କାଗଜଡଙ୍ଗାରେ ବୋଝେଇ ହୋଇ

ଆସିଲା ମହଣେ ସ୍ୱପ୍ନ।
ଓଦା ମେଘରେ ପ୍ରେମ।

ପୋଖରୀର ଏ ମୁଣ୍ଡରୁ ସେ ମୁଣ୍ଡକୁ
ପହଁରି ଯାଉଥିଲା
ମୋର କଇଁଫୁଲ ସାଙ୍ଗ।
ପୋଖରୀ ହୁଡାର ତେନ୍ତୁଳି ଗଛରେ
ଦୋଳି ଖେଳୁଥିଲା ଗୋଟେ ଭୂତ ଗପ।
ସ୍ନାୟୁରେ ରୋମାଞ୍ଚ !

ଧୋବ ଫରଫର ଶିମୁଳି ତୁଳା ଯେବେ
ଉଡୁଥିଲା ପବନରେ
ମୋ ଭିତରେ ବି ତିଆରି ହେଉଥିଲା
ଧଳାମେଘୀ ପର ।
ଖସି ପଡୁଥିବା ଚଢେଇବସାକୁ
ସଜାଡ଼ି ଦେଉଥିବା ବେଳେ
ମୋ ପାଇଁ ବି କେହି ଯୋଗାଡ଼ି ଦେଉଥିଲା
କାଠିକୁଟା ଭଲପାଇବାର।

ଜଣେ ପୋଖତ ଚିତ୍ରକରର ହାତରେ
ତିଆରି ହୋଇଥିଲା ମୋର
ପିଲାଦିନ ନଈ,
ନଈର ପଥର, ସୁନାର ବାଲି
ଓ ରୂପା ରଙ୍ଗର ପାଣି।
ସମୟ ଯେଉଁଠି ସବୁବେଳେ
ବହୁଥିଲା ଉଜାଣି।

ଆଜି ମୁଁ ବି ଥରେ ଉଜାଣି ବହୁଛି।
ଖୋଜି ଖୋଜି ଲିଭାଉଛି

ମେଳା ଭିତରେ ନିଖୋଜ ହେବାର ଭୟ।
ଫଳ ଭର୍ତ୍ତି ଗଛରେ ଚଢ଼ି
ଆଉ ଓହ୍ଲାଇ ନ ପାରିବାର ଆତଙ୍କ।
ପହଁରା ଶିଖି ନ ପାରି କାଳ କାଳ
କୂଳରେ ବସି ରହିବାର ଦୁଃଖ।

ଆଜି ପୁଣି ମୋ ସହ ଲୁଚକାଳି ଖେଳୁଛି
ମୋର ପିଲାଦିନ।
ମୋତେ ଛୁଁ ମୋତେ ଛୁଁ କହି
ଚାଲି ଯାଉଛି ଇନ୍ଦ୍ରିୟର ସୀମା ବାହାରକୁ।
ମୁଁ ଶବ୍ଦର ଜାଲ ପିଙ୍ଗୁଛି।
ଧରା ପଡୁଛି ଯାହା ଖାଲି ନିରବତା।

ଲୋ ନିଆଁ.. ଲୋ ଚୁଲୀ

ରେବୀ ଏବେ ବି ନିଆଁ ହୋଇ
ପାରିଛି କି ?
ଚୁଲୀ ଓ ପାଉଁଶ ସହ ଦୀର୍ଘକାଳ
ଗଠବନ୍ଧନ ପରେ ବି ।

ଦ୍ୱାରବନ୍ଧ ପାଖରେ ଗଡ଼ିଥାଏ କଳସ ।
ରେବୀର ପାଦରେ ରକ୍ତ ।
କାନ୍ଥରେ ଫଟୋଚିତ୍ର ହୋଇ ଝୁଲୁଥାନ୍ତି
ଅନେକ ଦୀର୍ଘଶ୍ୱାସ ।

ରେବୀ ଦିନେ ଝରକା ଖୋଲିଲା ।
ଆକାଶ ତାକୁ କାହିଁକି ଯେ
ଓଲଟା ଦିଶିଲା ।
ପକ୍ଷୀମାନେ ବି ଦେଖାଗଲେ
କାଗଜର ଗୁଡ଼ି ପରି ।
ଝରକା ବନ୍ଦ କଲା ରେବୀ ଓ
ଶୀତଳେଇ ପକେଇଲା
ନିଆଁ ଧରି ଆସୁଥିବା ପ୍ରଶ୍ନମାନଙ୍କୁ
ଅନ୍ଧାର ଲେପି ଲେପି ।

ଦିନେ ରେବୀ ହାତ ବଢ଼ାଇଲା ।

କଷିକଡିମାନଙ୍କୁ ପୋଡ଼ି ପକାଉଥିବା
ଖରାକୁ ଛୁଇଁଲା।
ତା ଭିତରେ କଅଁଳି ଆସିଲେ
ନିଆଁବାହୀ ଶିରା ଉପଶିରା।
ଏଥର ଖରାରେ ଠିଆହେଲେ
ରେବୀ ଦିଶିଲା ଚକ୍ ଚକ୍ ଖଣ୍ଡାଧାର ପରି।
ଛାଇକୁ ଆସିଲେ ଲାଗିଲା
ଧାରେ ଗାଢ଼ କଜ୍ଜଳଗାର ପରି।

ଦିନେ ପାଉଁଶ ଭିତରୁ ପର କାଢି
ରେବୀ ଉଡ଼ିଲା ମହାକାଶରେ।
ମାଟି ଲେପିହୋଇ ଅଙ୍ଗରେ
ସମୟ ସହ ଲଢିଲା କୁସ୍ତି।
ପବନରେ ଫିଙ୍ଗିଲା ତାର
ଆତ୍ମବିଶ୍ୱାସର ବଲ୍।
ଛକ୍କା ମାରି ଭାଙ୍ଗିଲା ପୁରୁଣା ପାଚେରୀ।

ଏ ଭିତରେ ଶହେ କାହାଣୀ
ଲେଖି ସାରିଲାଣି ରେବୀ।
ତା କବିତାରେ ଶବ୍ଦମାନେ
ନିଆଁଫୁଲ ପରି।
ତା ଅକ୍ଷରରେ ମହାମାରୀ ଜୀବାଣୁ ନୁହେଁ
ସାହସର ବୀଜ ଥିଲା ବୋଲି
ବୁଝି ସାରିଲାଣି ଜେଜୀ ।

ହଁ, ଆଜିକାଲି ରେବୀକୁ
ନିଆଁ ବୋଲି କହନ୍ତି କେହି କେହି।
ଡାକି ପାରନ୍ତିନି କେହି ଆଉ
'ଲୋ ଚୁଲୀ' ବୋଲି ।

ମୋ ସମୟ

ମୋ ସମୟକୁ ମୁଁ ଏମିତି ଖର୍ଚ୍ଚ କରୁଛି
ଯେମିତି ଘରେ ଅଯତ୍ନରେ ପଡ଼ିଛି
କିଛି ଖୁଚୁରା ପଇସା ଏଠି ସେଠି
ଓ ତାକୁ ସାଉଁଟି
କେବେ କେଉଁ ଅଚିହ୍ନା ବାଟୋଇ ହାତକୁ
ମୁଁ ବଢ଼ାଇ ଦେଉଛି।
କେବେ ଅଝଟ ଜୀବନ ପାଇଁ
ଲଲିପପ୍ କିଣୁଛି।

ମୋ ସମୟ ରାତି ମାନୁନି
କି ଦିନ ମାନୁନି।
ଯେତେବେଳେ ଇଚ୍ଛା ଅଟକି ଯାଉଛି
ଗୋଟେ ପଥର ପାଖରେ।
ପଥର କଡ଼ରେ ଦୁଃଖର ନଈଧାର
ବହୁଛି ତ ବହୁ .. କିଏ ପଚାରେ !

ମୋ ସମୟ ମୋ ହାତରେ ଶିକୁଳି ଲଗାଇ
ଟାଣୁଛି ଗୋଟିଏ ପଟେ।
ମୋର ପାଦ, ମୋର ଡେଣା,
ଯାତ୍ରାର ମନାସ ଓ ସଂକଳ୍ପ
ରହି ଯାଉଛି ଆଉଗୋଟେ ପଟେ।

ଖଟରେ ବସି ମୁଁ ହାଇ ମାରୁଛି ଓ
ସମୟକୁ ଶୋଇଯା ବୋଲି କହୁଛି ।
ପ୍ଲାଷ୍ଟିକ ଆଖିପତାରେ ଠହରୁ ନାହିଁ ନିଦ ।
ଅଦ୍ଭୁତ ଶବ୍ଦକରି ଖୋଲୁଛି
ଓ ବନ୍ଦ ହେଉଛି
ରାତିର କବାଟ ।

ମୋ ସମୟ ଗୋଟେ କଠିନ ପ୍ରଶ୍ନପତ୍ର ।
କ୍ଷଣକୁ କ୍ଷଣ ବଦଳୁଥାଏ
ଯାହାର ସଠିକ ଉତ୍ତର ।

ମୋ ସମୟ ସତରେ କଣ
ପ୍ରେମରେ ବି ଅସୁସ୍ଥ !
ତାଳ ଲୟ ଠିକ୍ ନାହିଁ ତା'ର ହୃଦୟଗତିର ।

■

କିଛି ଘଟିନାହିଁ

ବିଶେଷ କିଛି ଘଟିନି ଆଜି ।
କିଛି ଶବ୍ଦ ଘୂରି ବୁଲିଲେ ମୋର ଚାରିପାଖେ
ପ୍ରଜାପତି ପରି ।
କିଛି ଶବ୍ଦଙ୍କୁ ମୁଁ ବିଛାଇ ଦେଲି ଶେଯରେ
ଫୁଲ ପାଖୁଡ଼ା କରି ।

ମୋ ପାଖରେ ଥିବା ଏ ଦିନଟି
ନିଜେ ନିଜ କୋଳାହଳରେ ନିମଗ୍ନ ।
ଲୋଡ଼ି ନାହିଁ ନୂଆ ପୋଷାକ
କି ନୂଆ ଆଭୂଷଣ ।

ଶୁଖିଲା ଫୁଲ ଗୁଡ଼ିକୁ ଛିଣ୍ଡାଇ ଦେବା ପରେ
ସଫା ଓ ଉଦାସ ଦିଶିଲା ଗଛ ।
ବାକି ରହିଥିବା ଫୁଲସବୁ
ଅନ୍ୟମନସ୍କ ।

ସାରା ଦିନର ପିନ୍ଧାଲୁଗା ପାଲଟି
ଧୀରେ ଧୀରେ ଆସିଲା ସଞ୍ଜ ।
ଗୋଟେ ତାଜା ଖାଲିପଣରେ
ଢାଙ୍କି ହୋଇଥିଲା ତା ସର୍ବାଙ୍ଗ ।

ଶେଷରେ ଏବେ ଏ ଅଚିହ୍ନା ରାତି ସହ
ଅଭିସାର।
ହାତରେ ନାହିଁ ତାରାଫୁଲ।
କେଶରେ ନାହିଁ ଅନ୍ଧାରର ମହକ।

ମୁଁ ଜାଣେ
କିଛି ବି ଘଟିବାର ନାହିଁ ଏବେ ବି।
ଏ ରାତି ବି ଫେରିଯିବ ଗଣ୍ଠି ଫିଟାଇ।
ଶୋଇ ଯିବ ଜହ୍ନ ମୋ ଆଖିରେ
ସବୁଥର ପରି।

ମୁଁ ଜାଣୁନି

ସତରେ ତ ଜାଣୁନି ମୁଁ
ମାଡ଼ି ଚାଲିଛି କୁଆଡ଼େ । !
କେହି ଜଣେ ଫୁଙ୍କି ଦେଇଛି
କି ମନ୍ତ୍ର ଆଖିରେ !

ସେପଟକୁ ଆଉ ରାସ୍ତା ନାହିଁ ।
କେତେ ଶକ୍ତ ପାଚେରୀ ।
ପାଚେରୀ ଉପରେ କଣ୍ଟା ଓ ଭଙ୍ଗାକାଚ ।
ତା ଉପରେ ହୁଏତ
ବୋଳା ହୋଇଥିବ ପରସ୍ତେ
ପବନ ବିଷାକ୍ତ ।

ତଥାପି ମୁଁ ଚାଲିଛି ମାନେ
ମୁଁ ନୁହେଁ
ମୋ ଭିତରୁ ବାହାରି ମୋର ଅସ୍ତିତ୍ୱ ଚାଲିଛି ।
ନକଲି ମୁଁ ଟିଏ ଫେରି ଆସିଛି
ଘରକରଣାକୁ
କିଛି ନ ଜାଣିଲା ପରି ।

ମୁଁ ଜାଣେ
ମୁଁ ଭେଦି ପାରିବି ପାଚେରୀ

ଯେମିତି ସ୍ୱପ୍ନରେ ଡେଇଁଯାଏ
କଳାମେଘରୁ ଧଳାମେଘକୁ।
ଯେମିତି ଲଙ୍ଘିଯାଏ
ଆବେଗର ଆକାଶେ ଉଚ୍ଚା ଲହଡ଼ି।

ଲହୁଲୁହାଣ ମୋର ପ୍ରତିଟି ଅକ୍ଷର,
ଶବ୍ଦ ଓ ବାକ୍ୟ ।
ଡାଏରୀ ପୃଷ୍ଠାରେ ଅଧଇଂଚ ବହଳ
ଶୁଖିଲା ଲୁହର ପ୍ରଲେପ।
ତା ଉପରେ ରକ୍ତଛିଟା,
ଅପୂର୍ବ କଳାର ଚାତୁର୍ଯ୍ୟ !

ହଁ ମୁଁ ଜାଣୁ ନାହିଁ
ମୃତ୍ୟୁ ମୋକ୍ଷ କିଛି ବି।
ହଁ ମୁଁ ଫରକ ବାରୁ ନାହିଁ
ମୋ ପାଦ ପାଖରେ ଯାହା ଅଛି
ତାହା ନୀଳ ଆକାଶ ନା ଫଟା ମାଟି।

■

ନିଶା

ନିଶାଗ୍ରସ୍ତ ହେବାକୁ ହିଁ ହେବ
ଜୀଇଁ ରହିବା ପାଇଁ ।
ସାହାଣମେଲା କରିବାକୁ ହେବ ଛାତିକୁ
ନୂଆ ନୂଆ ଦୁଃଖମାନଙ୍କ ପାଇଁ

ଦ୍ୱାର ମୁହଁରୁ ପ୍ରଥମେ ପଥର ତ ହଟୁ !
ତା ପରେ ଦେଖିବା
ଆଲୁଅ ଆସୁଛି, ଅନ୍ଧାର ଆସୁଛି
ନା ଆସୁଛି ସପ୍ତମ,ଅଷ୍ଟମ କି
ନବମ ଋତୁ ।

ଟିପେ ଆକାଶ ପାଇଁ
କେତେ ମୁଁ ପିଇଲି ନୀଳବିଷ ।
ଆଖି କୋଣରେ, ଚେତନାର ଶେଷହୀନତାରେ
ନିଦ୍ରାର କୁଞ୍ଚିତ ପରଦାରେ
ଝୁଲୁଛି ସେଇ ଟିକକ ଆକାଶ,
ମୋର ସମଗ୍ର ସତ୍ତାର ନିୟାମକ ।

ଆ ତୋର ମୋର ଡେଇଁବା ପାଣିକି
ହାତ ଧରାଧରି ହୋଇ ।
ବୁଡ଼ି ଗଲେ ଅଚିନ୍ତନୀୟ ମୋକ୍ଷ ଭୋଗ ।

ଉପରକୁ ଭାସିଲେ
ସୂକ୍ଷ୍ମ ଛାଇପହଁରାର ସୁଖ।

ମରଣ ନାହିଁ କେଉଁଠି ବି
ଖାଲି ନିଶା ରହିଥିଲେ ବାକି।

ସ୍ଥାନାନ୍ତରଣ

ନିରବତାର ଗୋଟେ ଜଙ୍ଗଲ
ଘେରି ଗଲାଣି ମୋତେ।
ପତ୍ରମାନେ ମନା କଲେଣି
ବାଟ ଛାଡିବାକୁ ଆଲୁଅକୁ।

ଦିନସବୁ ଏବେ ପାଉଁଶ ରଙ୍ଗର।
ରାତି ପୋଡି ଯାଇଥିବା କଢ଼େଇର
ମୁହଁ ପରି କଳା।

ଅଚାନକ ବୟସ ବାଟବଣା
ଗୋଟେ ନିରାଶାଶଙ୍କୁଳ ରାସ୍ତାରେ ।
ଚୁଡ଼ି ଓ ପାଉଁଜିର ଉଦାସ ଧ୍ୱନି,
ମନ୍ଦିର ଘଣ୍ଟିର କିଣି କିଣି
ଗୋଟେ ଖାଲି କୋଠରୀର ପ୍ରତିଧ୍ୱନି ପରି
ଭୟଭୀତ କରେ।

ବଗିଚାରୁ ପକ୍ଷୀସବୁ
ହଠାତ୍ କୁଆଡ଼େ ଉଭାନ୍ !
ଏବେ ବୋଧେ ଏଠୁ
ସ୍ଥାନାନ୍ତରୀତ ହେବ ଜୀବନ !

ନିଜକୁ ଗୋଟି ଗୋଟି କରି
ସାଉଁଟି ରଖିଲାବେଳେ
ପାଣି, ପବନ, ଶୋଷ ,ନିଃଶ୍ୱାସ
ସବୁ ବନ୍ଦ ।
ବାରମ୍ବାର ହାତରୁ ଫିସଲି ଯାଉଛି
ଧୈର୍ଯ୍ୟ।
ଚଟାଣରେ ଖସି ପଡୁଛି ମୁଁ
ଝଣଝାଣ୍ ।

ଏଠୁ ଯିବାବେଳେ ବି ମୁଁ
ଗୋଟା ମଣିଷଟେ ହୋଇ ନ ଥିବି
ବୋଧହୁଏ।
ଦେହ ଯିବ ତ କଳିଜା ଅଟକିଥିବ
ଗଛଡାଳରେ।

■

ଚତୁର୍ଥ ମାଙ୍କଡ଼

ବାପୁ ଟିକେ ଅପେକ୍ଷା କର ।
ଏବେ ପୋଛା ଚାଲିଛି ତୁମ
ଚଷମା କାଚ ।
ବହୁ ଦିନରୁ କାମରେ ଲାଗି ନ ପାରି
ପଡ଼ି ରହିଥିବା ତୁମ ଚଷମା କାଚରେ
ଏବେ ଅନେକ ଦାଗ।
ତା ଭିତରୁ ବଡ଼ ଅସ୍ପଷ୍ଟ ଦିଶୁଛି
ଦଶ ଓ ଦେଶ।

ଅହିଂସା ନାମକ ଅସ୍ତ୍ରଟେ ଥିଲା ପରା
ତୁମ ପାଖରେ !
ସ୍ୱାଧୀନତା ପାଇଁ ଯୁଦ୍ଧ ସମୟରେ।
କେଜାଣି ତାହା ଏବେ ଅଛି କେଉଁଠି !
ହୁଏତ ଥାଇପାରେ କେଉଁ ମ୍ୟୁଜିୟମରେ।
ଖୋଜା ଚାଲିଛି ବାପୁ।
ଟିକେ ଅପେକ୍ଷା କର।

ଏବେ ତ କଥାରେ ଛୁଟେ ବୁଲେଟ୍,
ଅଣ୍ଟାରେ ବନ୍ଧା ଆର୍‌ ଡି ଏକ୍ସ,
ଆଖିରେ ବିଷାକ୍ତ ତୀର,
ଭାବନାରେ ଅବିଶ୍ୱାସର ଜଞ୍ଜିର।

ଅଧାନିଦରେ ଭାଙ୍ଗିଯାଇଥିବା
ସ୍ୱପ୍ନଟେ ପରି ଦିଶୁଛି ଏବେ ଦେଶ !

ଟିକେ ଅପେକ୍ଷା କର ବାପୁ !
ଆତଙ୍କର ଅନ୍ଧାର ଭିତରେ ଅଣନିଃଶ୍ୱାସୀ
ଗୀତା, କୋରାନ, ବାଇବେଲ ମାନଙ୍କୁ
ଟିକେ ଛାତିରେ ଲଗାଇ ସାଷ୍ଟମ କରାଯାଉ।
ପଛକୁ ଟାଣି ନିଆଯାଉ
ଆଖି ବଦଳରେ ଆଖି ମାଗି
ଦୁନିଆକୁ ଅନ୍ଧ କରିଦେବାର ଯୁଦ୍ଧଖୋର ପ୍ରବୃତ୍ତିକୁ।

ସ୍ୱଚ୍ଛତାର ଅଭିଯାନ ଏବେ
ପୁଣି ଥରେ ଚାଲିଛି ଯେ
ଅସ୍ୱଚ୍ଛ ପାଦମାନଙ୍କର ଚାଲବୁଲକୁ
ରୋକି ହେଉଛି କେଉଁଠି
ମନ ଭିତରେ କି ଦେଶ ଭିତରେ !
ଏ ଆଡେ ତୁମ ଭଙ୍ଗା ପ୍ରତିମୂର୍ତ୍ତିର
ମରାମତି ଚାଲିଛି
ସେ ଆଡେ ଭାଙ୍ଗି ପଡୁଛି ଆକାଶ
ପୁଲଓ୍ୱାମାରେ।

ବାପୁ ଟିକେ ଅପେକ୍ଷା କର ।
ଏବେ ତୁମର ତିନିମାଙ୍କଡ଼ ପାଖରେ
ବସାଇବାକୁ ତିଆରି ଚାଲିଛି
ଚତୁର୍ଥ ମାଙ୍କଡ଼।
ଯାହାର ଆଖି, କାନ, ପାଟି
ସବୁ ଖୋଲାଥିବ ।
ଯିଏ ସତ୍ୟ ଦେଖିବାକୁ,
ଶୁଣିବାକୁ ଓ କହିବାକୁ
ସାହସ ରଖୁଥିବ। ■

ଛାଇର ରଙ୍ଗ

ଶୂନଶାନ୍ ରାସ୍ତାରେ
ସେ ଏକୁଟିଆ ଚାଲିଛି ।
ରାସ୍ତା ସାରା
ହଳଦିଆ ପତ୍ରମାନଙ୍କର ଛାଇ ।

ସେ କଣ ସମୟ ଆଡ଼କୁ
ପଛ କରି ଚାଲିଛି !
ସେ କଣ ଛାଇମାନଙ୍କର ରଙ୍ଗ
ପଚାରି ଚାଲିଛି !

ତା ଭିତରକୁ କଳାମେଘ ଖଣ୍ଡେ
ପଶି ଆସିଥିଲା ବୋଲି
ସେ କଣ କଜ୍ଜଳକୁ ମନା କରିଛି
ଓ ଏବେ ବି ଆଖିରେ ଅନ୍ଧାର ନାଇଛି !

ତାକୁ ଦେଖିଲେ ତ ଲାଗୁଛି
ସେ ସମୟଚକ୍ରକୁ ଦୁଇ ହାତରେ
ଘୂରାଇ ଘୂରାଇ ଚାଲିଛି ।
ଫୁଲକୁ, କଣ୍ଟାକୁ, କାଚ, ପଥରକୁ
ସମାନ ଆଗ୍ରହରେ ରାସ୍ତାରୁ
ଗୋଟାଇ ଗୋଟାଇ ଚାଲିଛି ।

ଯେଉଁଆଡ଼େ ଥାଉ ସୂର୍ଯ୍ୟ
ଦିନେ ତା ଆକାଶକୁ ଫେରିବ ଇ ଫେରିବ ।
ଯେଉଁଆଡ଼େ ଥାଉ ଜହ୍ନ
ଦିନେ ତା ଆଖିର ହ୍ରଦରେ ପହଁରିବ।

ତାର ପ୍ରତ୍ୟେକ ପଦପାତରେ
ସନ୍ଦେଶ ଯାଉଛି ଚେର ପାଖକୁ
ଗଛରେ ନୂଆପତ୍ର ଆସିବ ଇ ଆସିବ।
ତାର ହସର କୋମଳତାରେ
କମନୀୟ ଦିଶିବ ଝରାପତ୍ର।
ତାର ଲୁହର ଟାଣପଣ ପାଖରେ
କଠିନ ଏ ସମୟକୁ
ହାରିବାକୁ ଇ ହେବ।

ପତ୍ରଝଡାର ଦୃଶ୍ୟ

(୧)
ମାଆ ଗଲାପରେ
ବାପା କେମିତି ଖଣ୍ଡିଆ ଲାଗୁଛନ୍ତି।
ଝଡି ଯାଇଥିବା ଫୁଲର ଡେମ୍ଫ ତଳେ
ଏକୁଟିଆ ପତ୍ରଟେ ହୋଇ
ଲଟକିଛନ୍ତି।

(୨)
କେତେଦିନ ହେଲା
କେଶ ବାନ୍ଧିବାକୁ ଇଚ୍ଛା ହେଉନି।
ଡାହାଣ କାନ ଉପର ପାଖକୁ
କିଛି ସଫେଦ କେଶର ଉଦାସ ଆଖି
ଉଙ୍କି ମାରିଲେଣି।

(୩)
ମୋ ଡାକର ଆଉ ଉତ୍ତର ଆସୁନି
କୌଣସି ଦିଗରୁ।
ମୁଁ ଚାଲୁଛି ରାସ୍ତାରେ
ଯେମିତି ଅଦୃଶ୍ୟ ହୋଇ !
ମୋ ଆଖିର ମାପକୁ ଆଉ
ଖାପ ଖାଉନି ତାର ଆଖି।

ଦୁର୍ମୂଲ୍ୟ ନିଦକୁ ମୋର
ବୟସ୍କ କେଉଁ ଗୋଟେ
ଅଚିହ୍ନା ସମୟ ଚୋରାଇ ନେଇଛି ।

(୪)
କେତେଦିନ ହେଲା
ବୁଢା ମାଳୀ ମଉସା ଆସୁଛି ।
ଗଛରୁ ଶୁଖିଲାପତ୍ର ବାଛି ସଫା କରୁଛି ।
ଚେର ମୂଳରେ ମାଟି ଦେଉଛି ।
ତାର ଶେତା ଆଖିତଳେ
କେତେ ନୂଆପତ୍ର କଅଁଳି ଆସୁଛି ।

■

କାଶତଣ୍ଡୀ ଓ ନିହାରିକା

ମୋ ପରି ହୁଏତ
ନିହାରିକା ବି ଭାବିଥିବ
କାଶତଣ୍ଡୀ ଭଲ ପାଇବାର ଋତୁଟିଏ।
କାଶତଣ୍ଡୀ ଦୋଳି ଖେଳେ
ବିଶ୍ୱାସର ମୃଦୁ ପବନରେ।

ନିହାରିକା କେତେ ସେଲ୍ଫି
ଉଠେଇଥିବ କାଶତଣ୍ଡୀ ସହ।
ଚୁପି ଚୁପି କଥା ହୋଇଥିବ
ନଈ ସହ, ପବନ ସହ,
ପ୍ରେମ ସହ।
କେଉଁଠି କାଶତଣ୍ଡୀ ପ୍ରେମିକକୁ
ଉପହାର ଦେଇଥିବ।

ଦେବୀ ଆସିବେ ବୋଲି ଫୁଟେ କାଶତଣ୍ଡୀ
ହୁଏତ ଏମିତି
ନିହାରିକା ବି ଭାବିଥିବ।
ଓ ନିଜ ଭିତରର ଦେବୀପଣକୁ
ପାସୋରି ଯାଇଥିବ।

ହୁଏତ ଦେଖି ନ ଥିବ
ତାର ପ୍ରେମ ଗୋଟେ ଅନ୍ଧ ପଦାତିକ ।
ଜାଣୁନାହିଁ ବାଟ କି ଅବାଟ ।

ଆଜି ଧଳା ଚାଦର ଘୋଡ଼ି ହୋଇ
ବସି ରହିଛି ନଈ ।
ବହି ପାରୁନି କି ରହି ପାରୁନି ।
ତାରି କୂଳକୁ ଭାସି ଆସିଛି
ନିହାରିକାର ଅବଶେଷ,
ନିହାରିକାର ଅବସୋସ
ଗୋଟିଏ ଅଖାରେ ଭର୍ତ୍ତି ହୋଇ ।
ଓଃ ଏମିତି ଭାବରେ ପଚିସଢ଼ି ଯାଏ
ପ୍ରେମ ବି ! !

କେଜାଣି କେତେ ଦୂରେ ଦେବୀ ?
କେଉଁଠି ଦେବୀ ?
କାଶତଣ୍ଡୀ ନିରବ, ନାଚାର
ଯନ୍ତ୍ରବତ୍ ଦୋହଲୁଛି ଏବେ ବି ।
ତଳକୁ ନଇଁ ପଡ଼ିଛି ତାର
ଅପେକ୍ଷମାଣ ଆଖି
କେଜାଣି କେଉଁ ଦେବୀ ପାଇଁ !

(ନର୍ସ ନିହାରିକାକୁ ତା ପ୍ରେମିକ ହତ୍ୟା କରି ଅଖାରେ ଭର୍ତ୍ତି କରି ନଈରେ ଭସାଇ ଦେଇଥିଲା ।ଓଡ଼ିଶାର ଏକ ଚର୍ଚ୍ଚିତ ଜଘନ୍ୟ ଘଟଣା)

ଆଜି ପୁଣି

ଆଖିରେ ନିଦ ନାହିଁ ଟୋପେ ବି।
ରାତି ଗୋଟେ ଶୂନ୍ୟ ପଞ୍ଜୁରୀ।
ସ୍ୱପ୍ନ ମାନଙ୍କର କଳରବ
ଶୁଭୁନାହିଁ କେଉଁଠୁ ବି।

ଆଜି ପୁଣି ମୁଁ ତାରା ଖୋଜିବି
ଓଦା ମେଘମାନଙ୍କୁ ଆଡ଼େଇ ଆଡ଼େଇ।
ଆଜି ପୁଣି ମୁଁ ଅଣ୍ଡାଳିବି
ଶ୍ୱାସର ଗମ୍ଭିରୀଘର।
ଆଜି ପୁଣି ମୁଁ ବିତିଯାଇଥିବା ସୁଖର
ସ୍ପନ୍ଦନ ଗଣିବି।
ଆଜି ପୁଣି ମୁଁ ରେଖା ଓ ବିନ୍ଦୁମାନଙ୍କୁ
ଯୋଡ଼ାଯୋଡ଼ି କରି କିଛି ହୃଦୟ ଆଙ୍କିବି।
ଆଜି ପୁଣି ମୁଁ ରକ୍ତରୁ ଛାଣିବି
ନୀଳବିଷ।
ଆଜି ପୁଣି ମୁଁ ଦେହରୁ ଓହ୍ଲାଇ ଦେବି
ମୋର ଛଦ୍ମଦେହ।

ଆଖିରେ ଭରି ଆସୁଛି
କେତେକେତେ ଦରଗଢା କାହାଣୀର ଛାଇ।
ଝର୍କା ସେପାଖେ ଧାରେ ଆଲୁଅ ଦିଶୁଛି

ଦୂରରୁ ଦୂରକୁ ଚାଲିଯାଉଥିବା
ପରିଚିତ ରାସ୍ତାଟେ ପରି ।

ଆଜି ପୁଣି ମୁଁ ମୋର
ଥିବାପଣର ମଞ୍ଜି ପୋତିବି ଆକାଶ ଛାତିରେ
ଓ ସକାଳ ଆସିବା ଯାଏଁ କାକରବୁନ୍ଦା ହୋଇ
ଝୁଲି ରହିବି
ରାତିର ଆଖିପତାରେ ।

ପୁରୁଷ

ପୁରୁଷ କହିଲେ ମୁଁ ବୁଝେ
ଗୋଟେ ବାପା ବରଗଛ।
ଢେର ସାରା ଓହଳ ଓ
ଦୋଳି ଖେଳ।
ଛାଇର ଶୀତଳ ସ୍ପର୍ଶ ଓ
ଗୋଟେ ସୁରକ୍ଷିତ ବାଲ୍ୟକାଳ।

ପୁରୁଷ କହିଲେ ମୁଁ ଦେଖେ
ଗୋଟେ ଦିବ୍ୟ ଜହ୍ନରାତି ଓ
ହଂସୁଲି ସପନ।
ଯୋଡ଼ା ଯୋଡ଼ା ପକ୍ଷୀ ଓ
ଅକାଶୀ ଉଡାଣ।

ପୁରୁଷ କହିଲେ ମୋତେ ଶୁଭେ
ନଈ ସେପାରିର ଡାକ।
ଦିଗବଳୟକୁ ଛୁଇଁ ଆସିବାର
ଇଙ୍ଗିତ।
ମୋର ସ୍ଥିର ଛାଇ ଉପରେ
ନଈଟେ ବହମାନ।
କେଉଁଠୁ ଶୁଭିଯାଏ ଅନେକ ବାଜଣାର
ମୁଗ୍ଧ ଐକ୍ୟତାନ।

ଏବେ ଏବେ ଜାଣିଲି
କିଛି ପୁରୁଷ କେବଳ ନଖ ଓ ଦାନ୍ତରେ ତିଆରି।
ପୁରୁଷ କହିଲେ ବୁଝାପଡ଼େ ଗୋଟେ ଅନ୍ଧାର ରାତି।

ଫୁଲ ପାଖୁଡ଼ା ଖାଇ ବଞ୍ଚୁଥିବା
କୀଟ ବରଂ ଭଲ ।
କିଛି ପୁରୁଷ ତ ମାଆର ଜରାୟୁରୁ
ବାହାରି ଯାଇଥିବା
ଦୂଷିତ ରକ୍ତ କେବଳ !!

ଉଡ଼ାଣ

ମୋ ଭିତରେ ବି ଅଛି
ପକ୍ଷୀଟିଏ।
ମୋ ଛାତି ତାର ପିଂଜରା ନୁହେଁ
ସେ ଜାଣେ।

ସେ ଉଡୁଥାଏ ,
ସେ ଗୀତ ଗାଏ ,
ନୂଆ ନୂଆ ଦେହ ଧରି
ମୋତେ ଭ୍ରମରେ ପକାଏ।

ସେ ଉଡ଼େ
ସମ୍ପର୍କର ଚେର କାଟି ,
ସ୍ନେହ ସଖ୍ୟର ପଣତ ଚିରି।
ସେ ବି ଉଡ଼େ ଲକ୍ଷେ ଦିହୁଡ଼ି ଜାଳି,
ଅନ୍ଧାରର କୋଳାହଳ ଭାଂଗି।

ସେ ଉଡ଼େ ବୋଲି
ମୁଁ ସୀମାହୀନ।
ଯେତେ ବାନ୍ଧିଲେ ବି
ସରେନି ପବନ।

ତୁମେ ସିନା ବୃଥାରେ
ମାପୁଥାଅ ମୋତେ ।
ପରଖୁ ଥାଅ ମୋର
ଆଖି ନାକ ଓଠର ଗଢ଼ଣ

(ଏଇ କବିତାଟି ପ୍ରସିଦ୍ଧ ହିନ୍ଦୀ କବି ଓ ଗୀତିକାର ଗୁଲଜାରଙ୍କ ଦ୍ୱାରା ହିନ୍ଦୀରେ ଅନୂଦିତ ହୋଇ ତାଙ୍କ ଦ୍ୱାରା ସମ୍ପାଦିତ କବିତା ପୁସ୍ତକ "A Poem a Day"ରେ ସ୍ଥାନ ପାଇଛି । ପୂର୍ବରୁ "Indian literature"ରେ ପ୍ରକାଶିତ ଏଇ କବିତାଟିକୁ ଇଂରାଜୀରେ ଅନୁବାଦ କରିଥିଲେ ପ୍ରଖ୍ୟାତ କବି ଶ୍ରୀ ଜେ.ପି. ଦାସ ।)

ସଙ୍ଗରୋଧ

କେବେ ମୁଁ ଏକଲା ନ ଥିଲି ଯେ !

ମୋ ଆଖିରେ ସୂର୍ଯ୍ୟ ଉଇଁବା ଦିନୁ
ମୁଁ ଦେଖୁଛି
ମୋ ଭିତରେ ଶୂନ୍ୟତାର
ଆରୋହଣର ଶେଷ ନାହିଁ।
ଅବରୋହଣ ବି ଅତଳତଳ ।
ନିଜକୁ ଚତୁର୍ଦିଗକୁ
ବିଚ୍ଛୁରିତ କରିକି ବି ଦେଖିଛି।
ହାତ ପାଏନା,ଆଖି ପାଏନା।
ଭୟରେ ଶିହରି ପୁଣି ନିଜ ଭିତରକୁ
ଏକାକୀ ଫେରିବା ହିଁ ସାର ହୋଇଛି।

କେବେ ମୁଁ ଏକଲା ନ ଥିଲି ଯେ !

ମାଆର ପଣତରେ
ଖାଲି ଆକାଶ ଦେଖି ଡରୁଥିଲି।
ମୁଠାଇ ଧରିବାକୁ
ପଣତରେ ତାଳପତ୍ର ଖୋଜୁଥିଲି।

ଲଣ୍ଠନର ମିଞ୍ଜିମିଞ୍ଜି ଆଲୁଅରେ
ଜୀବନର ପ୍ରଥମ ଅକ୍ଷର ଘୋଷିବା ବେଳେ
ଲଣ୍ଠନ ପଛର ଅନ୍ଧାର
ମୋତେ କିଛି କହୁଥିଲା।
କ୍ରମଶଃ ମୁଁ ଶବ୍ଦ ଶିଖିଲି।
ବାକ୍ୟ ହୋଇ ନିଜକୁ ନିଜେ ଉଚ୍ଚାରିଲି ।
ଅନ୍ଧାରର ଗପ ଆଉ କାହିଁ !
ଏବେ ତ ନିଜ କାହାଣୀରେ
ମୁଁ ନିଜେ ଇ ଛାଇ ଯାଇଛି ଏକାକୀ !

କେବେ ମୁଁ ଏକଲା ନ ଥିଲି ଯେ !

ରଙ୍ଗୀନ ଆଲୁଅର ନାଚରେ
ବିଭୋର ଥିଲାବେଳେ ସମୟ
ମୋତେ କେଉଁଠୁ ଶୁଭୁଥିଲା
ଗୋଟେ ଅଦୃଶ୍ୟ ଗୀତିକାରର
ବିରହ ଗୀତର ଧ୍ୱନ୍ ।
କିଣାବିକାର କୋଳାହଳ ଭିତରେ
କେତେବେଳେ ମୁଁ ପାଲଟି ଯାଉଥିଲି
କାଚକାନ୍ଥ ଭିତରେ ବନ୍ଦୀ
ଗୋଟେ ନିରବ ମେନିକୁଇନ୍ ।

କେହିଜଣେ ଶିଖାଇଲା ନିଆଁ ହିଁ ଜୀବନସୂତ୍ର
ତ ମୁଁ ଜଳିଲି।
ଜାଳିଲି ଶୋକ, ଦୁଃଖ, ପରିତାପ ।
ପହିଲି ବର୍ଷାରେ ପୁଣି
ଉର୍ବର ହେଲି।
ଆଞ୍ଜୁଳାରେ ପରିପୂର୍ଣ୍ଣ ରଖିଲି ଶସ୍ୟ
ଆଗାମୀ ପିଢ଼ି ପାଇଁ।

ଏବଂ
ଶୁଖିଲା କ୍ଷେତ ପରି ମୁଁ
ପୁଣି ହୋଇଗଲି ନିଃସଙ୍ଗ !

କେବେ ମୁଁ ଏକଲା ନ ଥିଲି ଯେ !
ମୋତେ ପୁଣି ଏକଲା କରିବ
ଏ ସଂଗରୋଧର କାଳ !!

■

ସେ ବାଟ କେଉଁଠି

ସାରାରାତି ମୁଁ ଘୂରି ବୁଲିଛି ।
ପ୍ରହରମାନଙ୍କୁ ପଚାରି ବୁଲିଛି
ଫେରିବାର ବାଟ।
କେହି ବତାଇ ପାରି ନାହାନ୍ତି ।
ଖାଲି ଝିଇଁ ଝିଇଁ ଶବ୍ଦ ଶୁଭୁଛି
ନିଶୂନ ସମୟର।
ମୁଁ ବୁଝିପାରି ନାହିଁ ଏ ଭାଷା।
ଘୋର ଅବିଶ୍ୱାସର।

ମୋର ପରା ଫେରିବାର ଥିଲା
ପ୍ରତିଶ୍ରୁତିର ସକାଳ ପାଖକୁ !
ଅପେକ୍ଷାରତ ଆଖି ମାନଙ୍କ ପାଖକୁ !
ଜୀବନର ଯୁକ୍ତି ପାଖକୁ !
କିଏ ବଢ଼ାଇ ଚାଲିଛି ରାତିର ଆୟୁଷ !
ପେଟ୍ରୋଲ୍ ଢାଳି ଜାଳି ଦେଇଛି
ବିଶ୍ୱାସର ଶେଷ ଅଂଶ ଟିକକ।

ଏବେ ମୁଁ ଫେରିବି କେମିତି !
ମୋର ପାଦ,ମୋର ମନ,ମୋର ଜିଭ,
ମୋର ଚେତନା
ସବୁ ଧୂଆଁ ଧୂଆଁ !

ପୋଡ଼ା ଭୂଇଁ ଉପରେ ଯେତେ ରକ୍ତ
ସିଂଚିଲେ ବି
ଶୁଦ୍ଧ ହେଉନାହିଁ ମୋର ଆତ୍ମା ।

କାହାକୁ ପଚାରିବି !
ଯେଉଁ ବାଟ ଦେଇ ଚାଲୁଥିଲା ସୂର୍ଯ୍ୟାଲୋକ
ସେ ବାଟ କେଉଁଠି !
ଯେଉଁବାଟ ଦେଇ ଚାଲୁଥିଲା ମୋର
ନିଃଶ୍ୱାସ ପବନ
ସେ ବାଟ କେଉଁଠି !

■

(ହାଇଦ୍ରାବାଦର ଡାକ୍ତର ପ୍ରିୟଙ୍କା ରେଡ୍ଡୀଙ୍କୁ ଗତ ୨୦୧୯ ନଭେମ୍ବରରେ ଧର୍ଷଣ ପରେ ହତ୍ୟା କରି ପୋଡ଼ି ଦେଇଥିଲେ ଦୁର୍ବୃତ୍ତମାନେ। ଅଳ୍ପ ଦିନପରେ ଚାରି ଦୋଷୀଙ୍କୁ ପୋଲିସ ଏନ୍‌କାଉଣ୍ଟର କରି ମାରି ଦେଇଥିଲା।)

ତଲାସ୍

କେଉଁ ଖୁସିର ତଲାସ୍ ରେ
ତୁ ନିଜଠୁ ଏତେ ଦୁରକୁ
ଚାଲି ଯାଉଛୁରେ ମଣିଷ !
ଫେରିଆ ......
ଫେରିଆ ନିଜ ଭିତରକୁ।

ନିଜକୁ ଭଲ ପାଆ
ଯେମିତି ପବନ ଭଲପାଏ ନିଃଶ୍ୱାସକୁ।
ଯେମିତି ରାତି ଭଲ ପାଏ
ନିଃଶବ୍ଦ ଆକାଶର ଜାଗରଣକୁ।

ଭଲ ପାଆ
ତୋର ରକ୍ତକୁ ଥରେ ଥରେ
ଦୂଷିତ କରିଥିବା ବିଷାଣୁର
ଅନ୍ତରଂଗପଣକୁ।
ରକ୍ତରେ ଥରେ ଥରେ ଫୁଟିଥିବା
ପଦ୍ମଫୁଲର ତରଙ୍ଗିତ ମହକକୁ।

ଭଲ ପାଆ ଲିଭିସାରିଥିବା
ଇନ୍ଦ୍ରଧନୁର ମାୟାପଟଳକୁ।

ଫେରିଯାଉଥିବା ଲୋକମାନଙ୍କର
ଅସହାୟ ପାଦଚିହ୍ନ ମାନଙ୍କୁ।

ତୋ ଭିତରେ ଆହୁରି ଫୁଟିବାର ଅଛି
ମଲ୍ଲୀ,
ଏଇ ଋତୁକର ଆୟୁଷ ଭିତରେ।
ଆହୁରି ଫୁଟାଇବାର ଅଛି ତାରା
ଏହି ରାତିକର ଆୟୁଷ ଭିତରେ।

ନିଜଠୁ ଏତେ ଦୂରକୁ ଯାଆନାରେ
ମଣିଷ
ଯେ ଫେରିବାର ବାଟ ଭୁଲି
ଚାଲିଯିବୁ ସମୟର ଗାର ସେପାରିକୁ।
କୌଣସି ନକ୍ଷତ୍ରର ଆଲୁଅ ବି
ଯଥେଷ୍ଟ ହେବନି
ତୋତେ ଖୋଜି ଫେରାଇ ଆଣିବାକୁ।

■

ବାଟ କଣ ଜାଣେ

ପାଦ ଯେବେ ଗଭୀର ତନ୍ଦ୍ରାରୁ ଉଠେ
ତଳେ ମାଟି ଅଛି କି
ଅଛି ଖାଲି ଶୂନ୍ୟତା
ନ ଜାଣି ଆଖି ବୁଜି ପାଦ ଥାପି ଦିଏ।
ବାଟଟିଏ ଆପେ ଖୋଲି ଯାଏ !
ବାଟକୁ କି ଜଣା ଥାଏ
ଏ ପାଦ କେତେ ଯେ ଭୋଗିଛି
ସ୍ୱପ୍ନାହତ ବାଟ ଚଲା, ନିଦ୍ରାହୀନ ବ୍ୟଥା !

ଗହନ ଇଚ୍ଛାର ଜଙ୍ଗଲ ଭିତରେ
କିଛି ଗୋଟେ ସର୍ ସର୍ ଚାଲିଯାଏ।
ଆସକ୍ତ ପାଦ ଭୟପାଇ ଫେରି ଆସେ
ନିରାପଦ ସ୍ୱଚ୍ଛ ଇଲାକାକୁ।
ବାଟଟିଏ ଧିରେ ଧିରେ ବାଟଭାଙ୍ଗି
ଫେରିଯାଏ ତା ନିଜ ବାଟରେ।

ଝଲମଲ ତାରାମଣ୍ଡଳରେ ଦିନେ
ହଜିଯାଏ ଆଖି।
ଆକାଶର ଠିକଣା ବି ଯାଏ ହଜି।

ପଡି ରହିଥିବା ଡେଣାକୁ ସଜାଡି ଧରି
ତଳେ ତା ପାଇଁ ଅପେକ୍ଷାରେ ଥାଏ
ବାଟଟେ ଏକାକୀ !

ବାଟ କଣ ଜାଣେ
କେଉଁ ଦିଗରୁ ମାଡି ଆସିବେ ପଙ୍ଗପାଳ !
ହୃଦୟ ଫସଲ ଜଗି ରହିବାକୁ
ରୋଧ କରିବାକୁ ହେବ
କେଉଁ ଜୀବନର ଦିଗ !

ତୁ ଏଇଠି ଥିବୁ

ତୁ ଏଇଠି ଅଛୁ।

ପଂଜୁରୀ ଖୋଲା ଅଛି।
ଆକାଶ ଆହୁରି ଖୋଲା ।
ଭାରି ଭାରି ଲାଗୁଛି ହୃଦୟ।
ଭିତରକୁ ଦେଖେ ତ
ତୁ ସାଉଁଟୁଛୁ ତୋର ଚିରହରିତ ହସ
ଖୋଜୁଛୁ କେଉଁ ଯୁଗରୁ ହଜିଥିବା
କିଛି ପୁରୁଣା ମୁହଁ।

ଆକାଶରେ ଦଳେ ପକ୍ଷୀ
ଏବେଏବେ ଉଡିଗଲେ ମୋ ସାମ୍ନାରେ।
ତା ଭିତରେ ତୁ ଥିଲୁ କି !
ପଛକୁ ଅନେଇ ଦେଖେ ତ
ତୁ ଶାଲ୍ ଘୋଡେଇ ହୋଇ ଶୋଇଛୁ
ନିଶ୍ଚିନ୍ତ ନିଦରେ।

ମୁଁ ଜାଣେ ତୁ ଏଇଠି ଅଛୁ।

ମୁଁ ନିଜେ ତିଆରିଥିବା ଗୋଟେ
ନିର୍ଦ୍ଦିଷ୍ଟ ଆକାଶରେ ତୁ ଅଛୁ,ଥିବୁ।

କୁଆଡେ ଆଉ ଯିବୁ ଯେ !
ଏଇ ମୋ ନିଜ ଆକାଶରେ ତୁ
ଯାହା ହେବୁ ହ।
ମେଘ ହେବୁ, ତାରା ହେବୁ କି ମେଞ୍ଚେ ନୀଳରଙ୍ଗ ହେବୁ।
ବର୍ଷିବୁ,ଗର୍ଜିବୁ କି ଉଲକା ହୋଇ ଖସିବୁ।
ଯାହା ବି ହ ପଛେ ତୁ ଏଇଠି ଥିବୁ।
ସ୍ମୃତିର ପରିଧି ବାହାରେ
ଆର ଜାଗା କେଉଁଠି ଯେ ଯିବୁ !

ଏଇଠି ଏଇ ଆକାଶରେ ଏବେ
ପୋତିଲି ଫୁଲଗଛ ।
ଜାଣିଛି ତୁ ଏ ଗଛ ମୂଳେ
ମାଟି ହେବି ବୋଲି କହିବୁ।
ତୁ ଏ ପାଣି ପବନରେ
ଖେଳେଇ ହୋଇ ରହିବୁ।

କୁଆଡେ ଆଉ ଯିବୁ ଯେ
ଏଇଠି ତ ଥିବୁ।

■

(ମାମାର (ଜେଜେମା) ସ୍ମୃତିରେ...)

ଖସିବାର ବେଳ

ଶୁଖିଲା ପତ୍ରର ବି ଗୋଟେ ରଙ୍ଗ ଥାଏ
ଗୋଟେ ବାସ୍ନା ଥାଏ।
ମାଟି ଓ ଆକାଶ ଉଭୟର ମୋହ
ମିଶିଥାଏ ତାର ଶିରାପ୍ରଶିରାରେ।

ଯେବେ ସେ ଖସେ ଗଛରୁ
ଦେଖ ତ କେମିତି
ଲହରାଇ ଲହରାଇ ଖସେ।
ଡାଳରେ ଅଟକେ ।
ତଳକୁ ଚାହେଁ ।
ଆକାଶମୁହାଁ ହୁଏ ଓ
ଖସେ କୁଆଡେ
ସେ ଜାଣେନା ବି ନିଜେ।

ପତ୍ର ଖସିବାର ଲୟକୁ
ଚାହଁ ଆଉ ଥରେ।
ଦେଖ ତାର ଭଙ୍ଗି ।
କିଛିଟା ମୋହଗ୍ରସ୍ତ
କିଛିଟା ବିମୁକ୍ତ।
କିଛିଟା ଲାସ୍ୟ ଥାଏ
ଥାଏ ବି ମୃଦୁହାସ।

କିଛି କରୁଣାର୍ଦ୍ର କାକର ବିନ୍ଦୁଙ୍କୁ
ଦେହରେ ଧାରଣ କରେ ସେ।
କିଛି ଉଷୁମ ଆଲୋକର ଆଖିଙ୍କୁ
ଛୁଇଁ ଛୁଇଁ ସେ ଯେ ଖସେ
କେଜାଣି କୁଆଡେ ଯିବାକୁ ଚାହେଁ
ନିଜେ ବି ସେ ଜାଣେନା ସତରେ !

■

ଈଶ୍ୱର

ମୁଁ ତୋତେ ଚିହ୍ନେନା
ତୋର ରୂପକୁ ଚିହ୍ନେନା
ତୋର ଅରୂପକୁ ଚିହ୍ନେନା
ଗୁଣ ନିର୍ଗୁଣ କଣ
ମୁଁ ଜାଣେନା ।

ଚଉଦ ଦିନ ଧରି ମାଆଟେ
ଦୀପ ଜାଳି ବସିଥିଲା କିଛି ଫଟୋ ସାମ୍ନାରେ।
ଲାଗିଲା ସେ ଫଟୋ ହିଁ ତୁ ।
ମାଆ ଚିହ୍ନିଛି ତୋତେ
ଆଉ ତୁ ବି ନିଶ୍ଚୟ ଚିହ୍ନିଥିବୁ ତାକୁ ।
ଦେଖିଲା ବେଳକୁ
ସେ ଫଟୋ ଗୁଡାକରେ ଖାଲି ଲଟକିଥିଲା
ମାଆର ବିଶ୍ୱାସ
ଓ ସେ ବିଶ୍ୱାସ ଉପରେ କିଛି ଧୂଆଁ ଓ ପାଉଁଶ ।

ବାପାଟେ ଖାଲିପାଦରେ ଚାଲିଲା ମନ୍ଦିର ।
ତିନିଦିନ ଧରି ମନ୍ତ୍ରପାଠ,ପୂଜା ପ୍ରାର୍ଥନା
ହା.. ହା..
ନା ତୁ ମନ୍ଦିରରେ ନା ତୁ ବାହାରେ
ନା ତୁ ପ୍ରାର୍ଥନାରେ

ନା ମହାମୃତ୍ୟୁଞ୍ଜୟ ମନ୍ତ୍ରପାଠରେ !
ବାପା ହତବାକ୍ ।
କୁଆଡେ ଗଲା ଈଶ୍ୱର !

ସ୍ତ୍ରୀ ଟେ ସର୍ବସ୍ୱ ସମର୍ପି ଦେଇ ତୋତେ
ବସିଥିଲା ଧ୍ୟାନରେ ।
ତୋତେ ଧ୍ୟାନକଲେ କୁଆଡେ
ପବନକୁ ବି ରଖିହୁଏ ହାତମୁଠାରେ !
କାହିଁ ଘଟିଲା ନାହିଁ ତ କିଛି ବି !
ଫେରିଲା ନାହିଁ
ଦୂରରୁ ଦୂରକୁ ଉଡିଯାଉଥିବା
ଶ୍ୱାସପକ୍ଷୀ ।

କୋଟିଏ ଦୀର୍ଘଶ୍ୱାସର ଗହଳିରେ
କେଉଁଠି ଅଛୁରେ
ତୁ ଈଶ୍ୱର !
ତୁ କଣ ଖାଲି ଗୋଟିଏ ଶବ୍ଦ,
ଗୋଟିଏ ଅଭ୍ୟାସ କେବଳ ?

ମୁଁ ଚିହ୍ନେନା, ଜାଣେନା
କିଏ ତୁ ।
ଅନନ୍ତ, ସୀମିତ
କି ଅସ୍ତମିତ ଗୋଟେ
କଳ୍ପନା ତରଂଗ ।

ଦଣ୍ଡ

ସେ ଆଉ ନାହିଁ
ବାକି ଅଛି ଗୋଟେ ଦୁର୍ଗମ ବାଟ ।

ତା ସ୍ୱର ଏଠି ଶୁଭୁଛି ଅହରହ
ଦିନରେ, ରାତିରେ,
ଚେତନରେ, ଅବଚେତନରେ ।
ଜୀବନର ସବୁ ଜଞ୍ଜାଳକୁ
ଟପି ଯାଉଛି ସେ ସ୍ୱର ।
ନିଜ ସହ ନିଜର ସ୍ମୃତିକୁ କାହିଁକି
ନେଇଯାଏନି ଯିବାଲୋକ !

ଠିକ୍ କହୁଛ !
ଯିବାଲୋକ ଶୋଇଯାଏ ଶାନ୍ତିରେ ।
ଥିବାଲୋକେ ହିଁ ଅସଲରେ
ମରୁଥାନ୍ତି ପ୍ରତିଟି ନିଃଶ୍ୱାସରେ ।

ଏବେ ଦେଖ ତ
ସେଇ ଘର ଅଛି ।
ସେଇ ଆସବାବପତ୍ର ।
ଅଗଣା, ବଗିଚା, ଗଛ,
ବାପା, ମା, ସ୍ତ୍ରୀ, ପୁଅ, ଝିଅ ।

ସେମିତି ରୋଷେଇଘରେ ଫୁଟୁଛି ଭାତ ।
ଭାତ ଫୁଟୁନି ତ ଫୁଟୁଛି
ମନ ,ଆତ୍ମା, ହୃଦୟ ।

ଦେହ ଧରିଛନ୍ତି ବୋଲି
ପୋଡ଼ା ହୃଦୟକୁ ଯୋଗାଇବାକୁ ହେବ ପରା
ରକ୍ତ !
ପାଣି ପରି ପିଇବାକୁ ହେବ
କଳିଜା ଚିପୁଡି ନିଗିଡି ଆସୁଥିବା ଲୁହ !

ଦେହ ଧରିଛନ୍ତି ବୋଲି
ମାଟିରେ ମିଶି ପାରୁନଥିବ ସେମାନଙ୍କ
ଶୋକ, ଦୁଃଖ,
ରୋଗ କି ବୈରାଗ୍ୟ ।

ଦେହଧାରୀ ମାନଙ୍କୁ ଏବେ
ଭୋକ ,ଶୋଷ ,ସ୍ମୃତି ,ସ୍ୱପ୍ନ
ସବୁ ଗୋଟେ ଗୋଟେ
ଭୟାନକ ଦଣ୍ଡ ।

■

ପଥର

ତୁ ଥିବା ମୁହୂର୍ତ୍ତକ ମୁଁ ଫୁଲ ପରି କୋମଳ।
ତୁ ନ ଥିଲେ ପଥର।

ଋତୁ ମାନଙ୍କର ଯିବା ଆସିବାରେ
ମୋର କଣ ଅଛି !
ମୋର ଆଖି ଖୋଲିବାର ଓ ବନ୍ଦ କରିବାର ବି
ଅର୍ଥ ନ ଥାଏ କିଛି।

କିଏ ଗୋଟେ ହାତ ହଲଉ ଥାଏ।
କେବେ ସବୁଜ, କେବେ ଲାଲ୍ ସଂକେତ
ପଠାଉଥାଏ।
ଦୁର୍ଘଟଣା ମାନଙ୍କର ଆତଙ୍କ ଭିତରେ
ସୁଖର ସଂଘାତ ଖୋଜୁଥାଏ କିଏ !!

ଦେ ଆଉ ଯେତେ ଅଛି
ମନସ୍ତାପ ବୈରାଗ,
ଅବହେଳିତ ବାସ୍ନାର ସଂତାପ।
ଢାଳିଦେ ମୋ ଉପରେ
ସଂସାର ଯାକର ପାପତାପ।

ମୋ ଉପର ଦେଇ ବହିଯାଉ ଦୁଃସମୟ ।
ମୋତେ ଭେଦକରି ମୁକ୍ତ ହେଉ,
ମଳୟିତ ହେଉ
ରୁଦ୍ଧ ଆବେଗର ସ୍ତୁପ ।

ପଥର ଭିତରେ ବି ଦି ବୁନ୍ଦା ପାଣିର
ଆଖି ଅଛି ବୋଲି ସିନା
ପଥର ହେବାକୁ ମୋର ଏତେ ସାହସ !

■

ଏ ଲୁହ

ଏ ଲୁହ ମିଛ ନୁହେଁ।
ଯଦିଓ ଏ ଲୁହ ସେ ଲୁହ ନୁହେଁ।

ଆଖିର କୋଣ ଅନୁକୋଣ ଜାଣେ
କେଉଁ ଛବି,କେଉଁ ଦୃଶ୍ୟରୁ
କମ୍ପନଟିଏ ଆସେ।
ଶିରା ମାନଙ୍କୁ ଚମକାଏ, ଚହଲାଏ।
ପ୍ରେମର କେଉଁ ଗଭୀର ଉପତ୍ୟକାରୁ
ବୁନ୍ଦା ବୁନ୍ଦା ତରଳ ମୋହ
ଟାଣି ହୋଇ ଆସେ,
ଆଖିରେ ଛଲକେ।

ଏ ଲୁହ ଛୁଏଁ ଆଖିପତା
ଯାହାକୁ କେବେ ବି ଛୁଇଁ ନ ଥାଏ
ପ୍ରେମର ଆଖି।
ଏ ଲୁହ ଓହ୍ଲାଏ ଚିବୁକର
ବେଦାଗ ଅଂଶରେ
ଯେଉଁଠି କେବେ ବି ବାଜି ନ ଥାଏ
ପ୍ରେମର ଆଙ୍ଗୁଳି।

ଆଶ୍ଚର୍ଯ୍ୟଚକିତ ଲୁହ,
ଦ୍ୱିଧାଗ୍ରସ୍ତ ଲୁହ,
ଶୁଷ୍କ ନିରବ ଗୋଟେ ସମୟଖଣ୍ଡରେ
କାନ୍ଦ କାନ୍ଦ ଲୁହ
ନା ଫେରିପାରେ,
ନା ଅଟକି ପାରେ,
ନା ଆଗକୁ ବୋହି ଯାଇପାରେ।
ନା କାହାକୁ ସାକ୍ଷୀ କରିପାରେ
ନା କାହାକୁ ଦେଇପାରେ
ବିପର୍ଯ୍ୟୟର ସୂଚନା।
ବାସ୍ ଢଳଢଳ ହେଉଥାଏ
ଅକାଳ ସ୍ୱପ୍ନପୀଡିତ ମୋର
ଆଖି ଦୁଇଟିରେ।

■

ଉଈ

ଡାଏରୀର ପୁରୁଣା କବିତା ସବୁ ଏବେ
ଉଈ ପେଟରେ।
ଡାଏରୀ ଖୋଳ ସେମିତି ଅଛି
ଗୋଟିଏ ବି ଅକ୍ଷର ନାହିଁ ଭିତରେ।

ଦୁଃଖ କରିବି କଣ !
ଛାଡ଼..ଭାବି ନେବି
ସେମାନଙ୍କୁ କବିତାର ଭୋକ ଥିଲା।
ଭୋକ ଥିଲା କାଗଜ ବାସ୍ନାର।

ଦୁଃଖ ଏତିକି ଯେ
ସେମାନେ ଖାଇ ଯାଇଛନ୍ତି
କଞ୍ଚାବୟସର ଆବେଗ ସବୁକୁ।
ପାକଳ ହୋଇ ଆସୁଥିବା କଳ୍ପନାର
ଗୋଲାପି ରଙ୍ଗକୁ।

ଏମିତି ହେଲେ ସେମାନେ
ଟିକ୍ ଟିକ୍ କରି କାଟି ଦିଅନ୍ତେ
ନୂଆକରି ଗଜୁରିଥିବା ହୃଦୟକୁ !
ଏମିତି ଶୂନ୍ୟ କରି ଦିଅନ୍ତେ
ତାଲା ପଡିଥିବା ଅତୀତର ବଖରାକୁ !

କେଜାଣି ଆଉ କିଏ ଅଛି କି ନାହିଁ
ଡାଏରୀର ଛିଣ୍ଡା ପୃଷ୍ଠାରେ !
କଟା ଅକ୍ଷରର ଗ୍ଳାନିରେ !
ମୋର ପଲକ ଖୋଲିବାର ଅପେକ୍ଷାରେ !
ଅଛି କି ନାହିଁ ଆଉ
ରକ୍ତ, ସ୍ୱେଦ କି ଲାଳ
ମୋର ଆଂଗୁଳିରେ ତଥାପି
ଫସି ରହିଥିବା କଲମ ମୁନରେ !

ଏବେ ଶବ୍ଦ କଣ !
ନିଶବ୍ଦ କଣ !
ବାହାରେ ଅସମ୍ଭାଳ ବର୍ଷା ।
ଭିତରେ ଓଦା ମୋର ଚେତନାର
ମାଟିଘର ।
ମୋର କାଗଜ ଶରୀର ।

ଉଇ ମାନଙ୍କୁ ଏବେ ବି
ଭାରି ଭୋକ ।

ରାତିର ପଞ୍ଝାରେ

ଏ ରାତି ମୋତେ ତାର ପଞ୍ଝାରେ
ଧରି ରଖିଛି ।
ଆଉ ମୋତେ ଲାଗୁଛି
ମୁଁ ତାର ଆଲିଙ୍ଗନରେ ଅଛି !

ବଢ଼ି ଚାଲିଛି ରାତିର ନଖ ।
ରାତିର ଆଖିର ନିଆଁରେ ପତଙ୍ଗ ଭଳି
ଝାସ ଦେଉଛି ପ୍ରହର ।
ରାତି ଗୋଟେ ପଥର ଛାତି
ଓ ମୁଁ ଚିକ୍କଣ ଦୀର୍ଘଶ୍ୱାସ !!
ରାତି ସହ ମୋର ଏ କି
ଭାବବିନିମୟ !

କ୍ରମଶଃ ମୁଁ ବିକ୍ଷିପ୍ତ ।
କଟି ଯାଉଛି ଗୋଟିଏ ପରେ ଗୋଟିଏ
ରକ୍ତ ବଳୟ ।
ମାଟିରେ ଲୋଟୁଛନ୍ତି ସମସ୍ତ ଇନ୍ଦ୍ରିୟ ।
ରାତି ଜାରି ରଖିଛି ତାର ଖଳ ଅଭିନୟ ।

ନିଦ ଏବେ କେଉଁଠି ?
କେଉଁ ପକ୍ଷୀର ଡେଣାରେ ଶୋଇଛି ?

କଣ୍ଟାଭରା ସମ୍ପର୍କର ଆତ୍ମୀୟ ଜଙ୍ଗଲରେ
ଅଛି କି ଆତ୍ମାପକ୍ଷୀ ବୋଲି କେହି ?

ସେଇଠି ଦୂରରେ ତା ପାଖରେ ବି ଥିବ
ରାତିଟିଏ ।
ସେ ରାତି ଅନ୍ତତଃ ହୋଇଥାଉ
ମୌନମନ୍ତ୍ର ଟିଏ ।
ତା ଓଠକୁ ଆସି ପାରୁନଥିବା ଶବ୍ଦଙ୍କୁ,
ଓ ଗୀତମାନଙ୍କୁ
ମନ୍ତ୍ରିତ କରି ସାଇତି ରଖୁ ପବନ ଓଠରେ ।

କେତେବେଳେ ହୁଏତ ମୁକୁଳି ଆସିବେ
ସେ ଶବ୍ଦମାନେ ଓ
ପବନ ବି ହୁଏତ ବହିବ ମୋ ଆଡ଼କୁ !
ରାତିର ଖଳ ଚରିତ୍ର ହୁଏତ
ବଦଳିଯିବ ଶେଷ ପ୍ରହରକୁ ।
ଅବିଶ୍ୱାସର ଆଖିମାନଙ୍କୁ ଶେଷତାରା ଭଳି ଲିଭାଇ
ମୁଁ ବି ମୁକୁଳି ଆସିବି
ରାତିର ପଞ୍ଜାରୁ ।

■

ନିରବତାକୁ ପଦେ

ଅନେକ ନିରବତାର ଏ ଆକାଶ
ଧୂଆଁପୁଞ୍ଜ ନୁହେଁ ତ ଆଉ କଣ !

ରୁନ୍ଧି ହେଉଛି ଜୀବନ !
ଟୋପାଏ ଅମ୍ଳଜାନ ପାଇଁ
ଉହଲ ବିକଳ ପ୍ରାଣ।

ତଥାପି ମୁଁ ବଞ୍ଚିବି ।
ଜୀବନକୁ ଛୋଟ ଛୋଟ ଖଣ୍ଡ କରି
ଲୁହରେ ଭିଜାଇ
ସ୍ମୃତିମାନଙ୍କ ନିଆଁରୁ ବଞ୍ଚାଇ ରଖିବି।
ମୁଁ ବଞ୍ଚିବି।

ମୁଁ ବଞ୍ଚିବି
ଯେମିତି ଘାସ ବଞ୍ଚେ
ପଥର ଦେହର କୋଣରେ
କାଣିଚାଏ ଶୂନ୍ୟସ୍ଥାନରେ ।
ଯେମିତି ପୋଡ଼ିଗଲା ପତ୍ର ପାଖରେ
ପୁଣି ଥରେ ଫିକାଏ ନୂଆ ପତ୍ରଟିଏ।

ଅନେକ ଅଭାବ, ଅନେକ ପ୍ରଶ୍ନର ତୀର

ଯେବେ ଆକାଶକୁ ଅନ୍ଧ କରିଦିଏ,
ପରିତ୍ୟକ୍ତ ଦେହରେ ମୋର
ଅଳନ୍ଧୁ ଜମିଆସେ ।
ସ୍ୱପ୍ନ ଗୋଟେ ମିଛ ଖେଳ,
ଅତୀବ ହାସ୍ୟାସ୍ପଦ ଲାଗେ ଭାଷା ପ୍ରାର୍ଥନାର।
ପ୍ରେମ ଗୋଟେ ଦୂଷିତ ଶବ୍ଦ ପରି ଲାଗେ।
ଅବାଂଛିତ ଲାଗେ ଗୋଟେ କବିର ପୃଥିବୀ।
ତଥାପି ମୁଁ ବଞ୍ଚିବି।
ଯେମିତି ଫୁଲଗଛ ବଂଚିଯାଏ
କାଳବୈଶାଖୀରୁ।
ଲୁହ ନୁହେଁ, ମୁକ୍ତା ବିନ୍ଦୁ ଖସାଏ ପତ୍ରଦାଢ଼ରୁ ।

ଯେତେ ଗାଢ଼ ହୁଏ ରାତି
ସେତେ ଅଧିକ ତାରା।
ନିରବ ନିଃସଙ୍ଗତା ଏମିତି ଅସରା।
କିଏ ଜାଣେ ତାରା ସବୁ ଆଲୋକ ହରାଇବା ପରେ
ଦିଶନ୍ତି କେମିତି ?
ଆକାଶର ଗମ୍ଭିରୀ ଘରେ ହୁଏତ
ସଢ଼ି ମରନ୍ତି
ନଚେତ ଖସି ପଡନ୍ତି ଗୋଟେ
ବିଷାଦ କୋଳକୁ !

ଉତ୍ତର ସବୁ ଦେଖ ତ ଦିଶିଲେଣି
କଳାମେଘ ପରି !
ତଥାପି ମୁଁ ବଞ୍ଚିବି।
ବଜ୍ରପାତର ଆଶଙ୍କା ଭିତରେ
ବିଜୁଳି ଆଲୁଅରେ କ୍ଷଣଟେ ଝଲସି ଉଠୁଥିବା
ପୃଥିବୀର ଓଦାମୁହଁ ପରି ।

ଋତୁ ବିରାମ

ଗ୍ରୀଷ୍ମର କାଠ ପରି ଦେହକୁ
ଆସିଲା ଋତୁ ବର୍ଷା ।
ନଷ୍ଟ କରିଦେଲା ଜଳି ଜଳି ଶେଷ ହେବାର
ଶେଷ ଇଚ୍ଛା ।

ଅରାଏ ମାଟି ଖୋଜିଲି କୋରଡ଼ରେ ।
ଟିକେ ତରଙ୍ଗ ଖୋଜିଲି ରକ୍ତରେ ।
ଆଖିର ଆକାଶ ମେଘଢଙ୍କା ।
ଶିରାର କାନ୍ଥରେ ଶିଉଳି ।
ସ୍ପର୍ଶଶୂନ୍ୟ ଅନ୍ତରାତ୍ମା ।
କୌଣସି ପକ୍ଷୀର ବସା ହେବାକୁ
ଆଉ ଯୋଗ୍ୟ ନୁହେଁ ମୋର ଶାଖା !

ସବୁଠୁ ଗାଢ଼ ରଙ୍ଗ ଥିଲା ଯେଉଁ
ପତ୍ର ମାନଙ୍କର,
ଯେଉଁ ପତ୍ର ଉହାଡ଼ରେ ମୁଁ ଲୁଚାଇ ରଖିଥିଲି
ମୋର ମିଠା କଳିଜା
ସେ ପତ୍ରମାନଙ୍କୁ ଖାଇ ଯାଇଥିଲା ଖରା ।
ଖରାର ବାହାନାରେ ଉଡ଼ିଗଲା ପ୍ରିୟପକ୍ଷୀ !
ଗଲା ଯେ ଗଲା
ଫେରିବାର ସବୁ ବାଟ ବନ୍ଦ କରିଗଲା ।

ନୂଆପତ୍ର ଆସିବାର ଅପେକ୍ଷା ଆଗରୁ
ଚେର ସହିତ କିଏ ଉପାଡି ନିଅନ୍ତା କି ମୋତେ !
ରୋପି ଦିଅନ୍ତା ନେଇ ଆଉ କେଉଁ ଜଳବାୟୁରେ।
କି ଜାତିର ଗଛ, କେଉଁ ଫଳ,
ସ୍ୱାଦ କି ପ୍ରକାର
ସବୁ ଲିଭିଯାନ୍ତା ମୋର ପରିଚୟ ପତ୍ରରୁ ।
ଖାଲି ପକ୍ଷୀର ଚିତ୍ରଟେ ଥାନ୍ତା
ନାମଫଳକରେ ।

ଏଠି ବି ଜୀବନ ଅଛି

ଏଠି ବି ଜୀବନ ଅଛି ।

ଶୁଖିଲା ପତ୍ର ଉପରେ ବି
ମେଘର ଆଖି ଅଛି ।
ବର୍ଷାର ଟୁପ୍ ଟାପ୍ ଓ
ପତ୍ରର ଝର ଝର ଶବ୍ଦ ମିଶି
କିଛି ଗୋଟେ ନୂଆ ଗୀତ ତିଆରି ହେଉଛି ।

ଆଖିତଳେ ଶୁଖିଲା ସ୍ୱପ୍ନ ମାନଙ୍କର ଦାଗ
କ୍ରମଶଃ ଲିଭି ଆସୁଛି ।
ବିସ୍ମୃତିର ବରଦାନ ଦେଇ
ସମୟ ଆଗେଇ ଯାଉଛି ।
କପାଳର କୁଞ୍ଚରେ ଥିରି ଥିରି ପବନର
ଆଉଁଷା ବାଜୁଛି ।
ଏଠି ବି ଜୀବନ ଅଛି ।

ଉପେକ୍ଷାର ଅନ୍ଧାର ଗଳିରେ
ହଜିଯାଉଛି ଅପେକ୍ଷାର ରଙ୍ଗୀନ ତରଙ୍ଗ ।
ତୁମପାଇଁ ଲେଖିଥିବା ଗୀତରୁ
କ୍ରମଶଃ ହଜିଯାଉଛି ଛନ୍ଦ ।

ବେସୁରା କଣ୍ଠରେ ତଥାପି
ସମୟ ଡାକୁଛି ଟିକେ ରହିଯାଅ ବୋଲି ।
ଏଠି ବି ଜୀବନ ଅଛି ।

ତୁମେ ଯିଏ ମୋର ଛାଇ ଉପରକୁ
ଫିଙ୍ଗୁଛ ଆଲୁଅ ,
ତୁମେ ଯିଏ ଶୁଣୁଛ ମୋର
ଦୁଃଖର ମର୍ମର ,
ତୁମେ ଯିଏ ମୋତେ ଅସ୍ୱୀକାର କରୁଛ
ଓ ମୋ ଭିତରେ ଦୁର୍ଗ ବନାଇ
ରାଜୁତି କରୁଛ,
ମୁଁ ଜାଣେ ତୁମ ପାଖରେ ଇ
ଆରମ୍ଭ ହୁଏ ମୋର ଭାଗ୍ୟର
ବିଭାଜନ ରେଖା ।
ମୋ ସମୟ ଖୁବ୍ ଦ୍ୱନ୍ଦ୍ୱରେ ଝୁଲୁଥାଏ
ସେ ରେଖାର ଏପାରି ସେପାରି ।
କହୁଥାଏ ;ଏଠି ବି ଜୀବନ ଅଛି ।

ଏ ଯେଉଁ ରଙ୍ଗବେରଙ୍ଗର
ସାମିଆନା ତଳେ ମିଛ ମୁହଁର ବଜାର,
ଏ ଯେଉଁ ଯୁଦ୍ଧ ଓ ପ୍ରେମର
ଏକାପରି ଶୁଭୁଥିବା ଚିତ୍କାର ,
ଶବ୍ଦ ଓ ଅର୍ଥର ଗୋଳିଆ ପାଣିରେ
ବୁଡି ଯାଉଥିବା ଭାବର ଧାର
ଏଇଠି କେଉଁଠି ହଜିଛି
'ମୁଁ', 'ତୁମେ', 'ସେ' ।
ଏଇଠି କେଉଁଠି ଦୋହଲୁଛି ମଞ୍ଚ
ରୁଦ୍ର ତାଣ୍ଡବରେ ।

'କିଏ', 'କାହାର', 'କଣ', 'କାହିଁକି'
ଭାବୁ ଭାବୁ ପର୍ଦ୍ଦା ପଡୁଛି ।
ନେପଥ୍ୟରୁ କହୁଛି ସୂତ୍ରଧର
କାହାଣୀ ଆହୁରି ବାକି ଅଛି ।
ଏଠି ବି ଜୀବନ ଅଛି।

ପୂର୍ବ ଦିଗକୁ ଟିକେ ସଳଖେଇ ଦେ

ଜୀବନ ଗୋଟେ ଅଖଞ୍ଜାରେ ପଡ଼ିଛି ।
ଆ ଉଠା ତାକୁ ।
ପାରିବୁ ତ ଏ ଆକାଶକୁ
ଠେଲି ଦେ ଆଉ ଟିକେ ଉପରକୁ ।

ମାଟିତଳେ ଚେର ବି ଉପରମୁହାଁ ହେଲାଣି
ଦେଖ୍ ତ !
ତାକୁ ଭଲ କରି ଟିକେ
ତଳକୁ ଦବେଇ ଦେ ।

କେଉଁଠୁ ଉଡ଼ି ଆସିଲାଣି
ଖଣ୍ଡେ କଳାମେଘ ।
ଗୁଲେଟ୍ ମାରି ତାକୁ
ଖସେଇ ପକା ତ !
ପରସ୍ତେ ଭିଜୁ ପଛେ ମାଟି
ଅନ୍ଧାରୁଆପଣ ଶୀଘ୍ର ସରିଯାଉ ତ !

ଶୀତ ଫେରିଯାଇ ପାରୁନି ।
କୁହୁଡ଼ିରେ ମୁହଁମାନେ
ମୁହଁ ଲୁଚେଇଲେଣି ।
ପାଦରେ ଯନ୍ତ୍ରଣା ଶୀତ ପାଇଁ

ନା କେଉଁ ଅଜଣା ଶିକୁଳି ପାଇଁ
କେଜାଣି !

ଆ ତ !
ପୂର୍ବଦିଗକୁ ଟିକେ ସଳଖେଇ ଦେ ।
ତା ଉପରୁ ପୋଛିଦେ କାକର ।
ସୂର୍ଯ୍ୟକିରଣ ପାଇଁ ବାଟ ତିଆରି କର ।
ପାଦ ପାଇଁ ରାସ୍ତାଟେ ଗଢ଼ ।

ମାଟି ପାଣି ପବନ ସବୁଆଡେ ଏବେ
ଲଜ୍ଜା ଘୋଟିଲାଣି ।
ଶୈଶବ ଚୋରୀ ହେଲାଣି ।
ଯୌବନ ମାଟିରେ ମିଶିଲାଣି ।
ବାର୍ଦ୍ଧକ୍ୟ ମୁର୍ଦ୍ଦାଘର ପରି ଭୟ ଦେଲାଣି ।

ଆ ତ !
ଶିଶୁ ଆଖିରେ ବି ଦେ ଟିକେ
ଧାରୁଆ ଆଲୁଅ ।
ଦିଗମାନଙ୍କୁ ଫେରାଇ ଆଣ
ଯୌବନ ପାଖକୁ ।
ଅସ୍ତଗାମୀ ଆଲୁଅକୁ ଦୁଇ ପାପୁଲିରେ
ଯତ୍ନରେ ଘୋଡାଇ ରଖ୍ ।

ପାରିବୁ ତ ଜୀବନକୁ
ତା ଅତୃପ୍ତି ଭିତରୁ ଉଠାଇ ଆଣ ।

ବେସୁରା ନୁହେଁ

ମୋ ଛାଇ ମୋ ଠୁ ଦୂରକୁ ଯାଉଛି
ତ ଯାଉ।
ମୋର ଛୋଟ କାହାଣୀଟି ଆଉ ଟିକେ
ଛୋଟ ଲାଗୁଛି
ତ ଲାଗୁ।
ମୁଁ ଯଦି ଧୂଳିରେ ଲୋଟୁଥାଏ
ତ ଲୋଟୁଥାଏ।
ଶୁଖିଲା ପତ୍ରପରି ମୁଁ ଯଦି
ଖସି ପଡୁଛି କାହାର ସ୍ମୃତିରୁ
ତ ଖସୁଥାଏ ।
ଏ ପୃଥିବୀ ତ କେବେହେଲେ ଭୁଲି ନାହିଁ ମୋତେ।
କେବେ ଦେଉଛି ଅଦିନିଆ ବର୍ଷା ଟୋପାଏ,
କେବେ ଘୋଡାଇ ରଖୁଛି ନରମ ଘାସରେ।

ରାତିଅଧର ଶାନ୍ତ ଆକାଶକୁ
ବ୍ୟତିବ୍ୟସ୍ତ କରି ମୁଁ ଘୂରୁଛି
ଅସ୍ଥିର ମେଘ ପରି
ଛାପ ଛାପ ପାଦଚିହ୍ନ ଛାଡ଼ି।
ଝିଙ୍କାରୀର କର୍କଶ ସ୍ୱର ଭିତରେ
ଜୋର୍ କରି ଚିହ୍ନା ଗୋଟେ ଗୀତର
ସୁରାଗ ଖୋଜୁଛି।

ଏକତ୍ର କରୁଛି ଦରହଜା ପ୍ରିୟ ଦୃଶ୍ୟସବୁ।
କାନ୍ଥର ଆଖିମାନଙ୍କୁ କାହିଁକି ଚେଇଁଛ ବୋଲି
ପ୍ରଶ୍ନ କରୁଛି।
ଘର ଭିତରକୁ ଅଚାନକ ପଶୁଛି
କିଛି ପୁରୁଣା ପବନ।
ଶ୍ୱାସ ଅଟକି ଯାଉଛି କିଛିକ୍ଷଣ।
ଗୋଟିଏ ଉଦ୍ଭଟ ନାଟକର ଅଭ୍ୟାସ ପରି
ବିତୁଛି ପ୍ରହର।
ଜୀବନ ଯେମିତି ଗୋଟେ ଅଜବ ସ୍ୱପ୍ନ
ଅନ୍ଧ ଆଖିର !

ସକାଳ ତଥାପି ମୋତେ
ଆଡେଇ ଯାଇ ପାରୁନାହିଁ ।
ତାର ହଳଦୀ ରଙ୍ଗର ହାତରେ
ଛୁଉଁଛି ମୋର ଅନ୍ଧପ୍ରୀତି।
ଦେହରୁ ମୋର ଛଡ଼ାଉଛି
ରାତିର କାତି।

ଦୁଃଖର ଛାଇ ଏବେ ଯେତେ ଲମ୍ବା ହେବ ହେଉ।
ଜୀବନର ମାପ ତା ଠୁ ଢେର୍ ଅଲଗା।
ହାତକୁ ଜହ୍ନ ଖସି ଆସୁନାହିଁ
ତ ନ ଆସୁ।
ଆଖିରେ ଜହ୍ନ ଉଇଁବା କଣ
କମ୍ ବଡ଼ କଥା। !

ମୋ ଆଂଗୁଳି ଚାପରେ
ପାଣିରେ ଗାର ପଡୁନାହିଁ
ତ ନ ପଡୁ।
ଢେଉ ତ ଉଠୁଛି !

ଛୋଟ ଛୋଟ ଢେଉରେ ବି
ଛନ୍ଦ ଅଛି, ତାଳ ଅଛି, ଲୟ ଅଛି।
ଜୀବନ ଏତେ ବି ବେସୁରା ନୁହେଁ ବୋଲି
ମୋତେ ହରାଇ ନିଜେ କ୍ଲାନ୍ତ ହୋଇ ପଡ଼ିଥିବା
ଏ ସମୟ ବି କହୁଛି।

ରାତି ଯାଯାବର

ରାତି ଯାଯାବର
ଘୂରୁଛି ଏ ଗଳିରୁ ସେ ଗଳି,
ଏ ମୁହଁରୁ ସେ ମୁହଁ।
ଏ ଶବ୍ଦରୁ ସେ ଶବ୍ଦ।

ପାଦେ ବଢୁଛି,ପାଦେ ଫେରୁଛି।
ଏ ଦରଜା ରେ ନକ୍ ନକ୍,
ସେ ଦରଜା ପାଖରୁ
ଲେଉଟି ଆସୁଛି।

କୁଆଡେ ଯିବାକୁ ଚାହେଁ ଏ ରାତି !
ଛାତିରେ ଦୁମ୍ ଦୁମ୍ ମେଘ ।
ଝରଝର,ସରସର,ବରଷୁଛି
ପାଣି, ଲୁହ ନା ଦ୍ରୋହ !

କେହି ଦିଶୁ ନାହାନ୍ତି ଶତ୍ରୁ କି ମିତ୍ର ।
ସୋର ଶବ୍ଦ ନାହିଁ
କୌଣସି ବି ପ୍ରତିଶ୍ରୁତିର।
ଆଖିପତା ଉପରେ କିଏ ସେ ଲଦିଛି
ଏ ବୋଝ ଭୟର ?

ରାତି ଆଖି ବନ୍ଦ କରି ଶୁଣୁଛି
ନିର୍ଜନତାର ସ୍ୱର ।

ରେ ସମୟ !
ବିକ୍ଷୁବ୍ଧ ଏ ରାତି ଆଡ଼କୁ
ବଢ଼ାଇ ଦେ ତୋ ଆଶ୍ୱାସନାର ହାତ ।
ଏ ରାତି ପାଇଁ କେଉଁଠୁ ଟିକେ ଆଣିଦେ
ନିର୍ମଳ ସରାଗ ।

କେହିହେଲେ ଖୋଲିଦେଉ
ଘୋର ଶୂନ୍ୟତାର ଏ ବନ୍ଦ ଘର ।
କେହିହେଲେ ଖୋଲିଦେଉ
ବନ୍ଦ ଆକାଶର କବାଟ ।

ଏ ରାତି ତାରାଟିଏ ହୋଇ
ଶୋଇ ପଡୁ ।
ପାଦରୁ ଖୋଲିଦେଇ ସବୁ ରାସ୍ତା,
ପୋଛିଦେଇ ସବୁ ଅବସାଦ ,ଧୂଳି
ଏ ରାତି ନୂଆ ସ୍ୱପ୍ନଟିଏ ଦେଖୁ ।

■

ଖୁବ୍ ଖରା

ମୋର ଶବ୍ଦଠୁ ତୋର ନିରବତା ଯାଏଁ
ଖୁବ୍ ଖରା ।
ମୁଁ ପଠାଇ ଥିବା ଶବ୍ଦ ତରଳି ଯାଏ,
ବାଟବଣା ହୁଏ, ହଜିଯାଏ ।
ମୋ ନାଆଁର ସଠିକ ସ୍ୱାକ୍ଷର ବି
ପହଂଚି ପାରେନା ତୋ ପାଖେ ।

ଲୋକଙ୍କ ଘରଭିତରେ ଦେଖ୍ ଏବେ
ବସା ବାନ୍ଧିଲାଣି ଖରା ।
ଝାଳ ଗନ୍ଧରେ ଅତିଷ୍ଠ ପରମ୍ପରା ।
ସମ୍ପର୍କ ସବୁ ପୋଡ଼ାକାଠ ପରି
ଅସୁନ୍ଦର ।
ଚାରିକାନ୍ଥ ଭିତରେ ନିଃଶ୍ୱାସ ପବନ ବି
ଭାଗ ଭାଗ ।

ଖରାରେ ଦୌଡୁଥିବା ଖବର କହୁଛି
ପାଚିଲା ବେଲ ଉପରେ ଏଥର
କାଉର ବି ଲୋଭ ଅଛି ।
ବିଷମ ଖରାରେ ଏଥର ପଡିଛି ରାଜନୀତି ।
ନିର୍ବାଚନର ତାତିରେ ମୁଣ୍ଡସବୁ
ପୋଡ଼ି ଜଳି ଧୂଆଁ ।

ପ୍ରଦର୍ଶନ ଚାଲିଛି କାହା ପାଖେ
ଅଛି କେତେ ନିଆଁ।

ଗଣମାଧ୍ୟମ ଉର୍ଦ୍ଧ୍ୱଶ୍ୱାସ।
ଦେଶ ମୋର ଆତଙ୍କିତ।

ମୋ ବଗିଚାରେ ବି ଏଥର
ଖୁବ୍ ଖରା।
ଯଦିଓ ଖରା ଜାଳି ପାରୁନି
ଘାସର ସ୍ୱାଭିମାନ ଓ ସଂଘର୍ଷକୁ।
ପୋଡିପାରୁନି ଫୁଲମାନଙ୍କର
ଫୁଟିବାର ଇଚ୍ଛାକୁ।
ମୁର୍ଝେଇ ପାରୁନି ଗଛମାନଙ୍କର
ମାଟିମନସ୍କତାକୁ ଓ ଜୀଇଁବାର ଜିଦ୍ ର
ଗାଢ଼ ସବୁଜ ଆଚ୍ଛାଦନକୁ ।

ଖାଲି ଘର

ଜୀବନର ଅନେକ ବଖରା ଘର
ଆଜିକାଲି ଖାଲି ରହୁଛି ।
କବାଟରେ ଦସ୍ତକ ଦେଉଥିବା
ଇଚ୍ଛାମାନଙ୍କୁ
ମୁଁ କଣ ଆଉ ଚିହ୍ନୁଛି !

ଖାଲି ଘରେ କେତେ କେତେ
ଛଳ ପ୍ରତିଧ୍ୱନି ।
କାନ୍ଥରେ ଖୋଦିତ ଯୋଡ଼ା ଯୋଡ଼ା
ପଥର ଚାହାଣି ।
ଶେଯରେ ଆଖିକୁ ଦିଶୁନଥିବା କଣ୍ଟା
ଓ ଅସ୍ତବ୍ୟସ୍ତ ଫୁଲ ।
ସ୍ୱପ୍ନମାନଙ୍କୁ ନିରନ୍ତର ପୋଡ଼ି ପକାଉଥିବା
ଦୀର୍ଘଶ୍ୱାସର ନିଆଁଝୁଲ ।

ବନ୍ଦ ଝରକା ସେପାଖେ ହୁଏତ
ଥାଇପାରେ ଜହ୍ନର ପରଶ ।
ବନ୍ଦ କବାଟ ଏପାଖେ
ମୁଁ ନିଜେ ଅବାଧ ଉଆଁସ ।

ଘର ଖାଲି ଅଛି ତ ଥାଉ
ସେଇମିତି ।
ଚାହିଁଲେ ଆକାଶରୁ ଖଣ୍ଡେ
ନକ୍ଷତ୍ରମାଳାରୁ ପୁଞ୍ଜାଏ,
ମହାଶୂନ୍ୟରୁ ପାପୁଲିଏ ରହସ୍ୟ ଆଣି
ସେ ଘରେ ଖଞ୍ଜି ତ ହେଉଛି !
ଚାହିଁଲେ ନିଜ ଶବ ଉପରେ ବସି
ଅଘୋରୀ ସାଜୁଛି ।
ଚାହିଁଲେ ଅସ୍ୱୀକାର କରୁଛି
ସବୁ ଶିକୁଳି ଓ ସବୁ ମୁକ୍ତି ବି ।

ଘର ଖାଲି ଥିଲେ ଥାଉ ।
ତୁ କି ମୁଁ ଏଠି କେବେ
ରହୁଥିବାର ଚିହ୍ନ ପଛେ ନ ରହୁ
ଏ କବାଟ ଓ ଝର୍କା ସବୁରେ
ଡେଣା ଲାଗିଯାଉ ।
ବନ୍ଦ ହେବା ଓ ଖୋଲିବାର
ନିୟମ ବଦଳୁ ।

BLACK EAGLE BOOKS

www.blackeaglebooks.org
info@blackeaglebooks.org

Black Eagle Books, an independent publisher, was founded as a nonprofit organization in April, 2019. It is our mission to connect and engage the Indian diaspora and the world at large with the best of works of world literature published on a collaborative platform, with special emphasis on foregrounding Contemporary Classics and New Writing.

www.ingramcontent.com/pod-product-compliance
Lightning Source LLC
Chambersburg PA
CBHW031120080526
44587CB00011B/1056
9781645601463